*앞날개 안쪽에 용산 산책
 지도가 들어있습니다.
*코스는 각 2~3시간 정도
 소요됩니다.

KB105566

용산 미군기지와 도시산책

김홍렬 지음

용산 미군기지와 도시산책

서울 안의 또 다른 도시,
용산을 여행하는 일곱 가지 방법

지난 30년 동안 용산기지 공원화 사업이 지지부진하게 진행되고 있던 중 2018년 용산 캠프킴 부지에서 '용산공원 시민소통공간 : 용산공원 갤러리'를 열었던 저자의 공적은 이 사업의 큰 물꼬를 트게 했다. 그의 도전과 사례가 있었기에 용산기지가 국민들에게 개방됨은 물론 개방부지가 확대될 수 있었다. 서울시 문화 경쟁력의 기반이 되는 도시 장소 만들기에 초석이 될 이 책을 가이드로 하여 '걷기 좋은 도시', '공원 같은 도시'가 되는 길로 나아가길 기대한다.

김원 | 現 서울시 광화문광장시민위원회 위원장 . 건축환경연구소 광장 대표

최근까지 서울시에서 용산 미군기지 반환 문제를 담당했던 저자는 미국국립문서기록관리청에 자비로 찾아가 용산 미군기지 자료들을 수집해올 정도로 용산 지역 연구에 대한 열정이 대단하다. 이 책은 저자의 오랜 경험과 전문성이 녹아든 애정서로, 용산 미군기지 안팎을 동시에 연결하여 생생하게 설명한 첫 안내서이다.

신주백 | 前 용산공원조성추진위원회 위원 . 독립기념관 한국독립운동사연구소장

급속도로 발전한 서울의 도시 공간 속에서 용산은 현재와 미래를 연결시킬 웜홀(Wormhole) 같은 장소이다. 시민들과 소통하기 위한 도시사회학적 접근으로 펴낸 이 책을 들고 용산을 걸으며, 서울의 도시 공간을 어떻게 변모시켜나갈지 이야기 나눌 기회가 확대되길 기대한다.

김학진 | 前 서울특별시청 행정2부시장 . 現 홍익대학교 건축도시대학 교수

저자는 오랫동안 용산 미군기지와 그 주변 땅의 역사를 새롭게 다져 왔다. 외세로 인한 거대한 공백의 땅에 만들어질 용산공원의 과정과 결과는 미래도시 서울의 성패를 가능할 것이다. 용산의 지문(地文)이 한껏 담긴 이 책이 소중한 이유이다. 이제 용산김씨의 생생한 발걸음을 따라 함께 산책을 떠나보자.

온수진 | 現 서울시 양천구 공원녹지과장

용산 미군기지의 공간적 DNA

2011년 지인의 초대로 처음 용산 미군기지를 방문했을 당시의 기억은 아직도 잊히지 않는다. 용산 미군기지에 출입하기 전까지는 군복무했던 강원도 철원의 군부대와 비슷한 환경과 분위기일 것이라 생각했다. 용산 미군기지는 엄청난 규모이고, 전방의 전투부대와는 느낌이 많이 다르다는 사전 설명에 그러면 논산훈련소와 비슷하지 않을까 하는 막연한 추측도 해보았다.

1번 게이트를 통해 출입했는데, 가장 먼저 마주했던 건물이 붉은색 벽돌로 된 시설물이었다. 서울 정중앙에 있는 용산 미군기지 안에서도 중심에 위치한 드래곤 힐호텔이었다. 용산 미군기지를 2시간 남짓 둘러보니 미국의 작은 소도시에 온 것 같다는 생각이 들었다.

2011년 첫 방문을 계기로 2014년 세 차례, 이어서 2018년부터 2021년까지는 출입증이 발급되어 용산 미군기지를 출입하면서 많은 사람을 만나 다양한 시대의 이야기도 듣고, 미군기지에서 바라보는 서울의 도시 경관을 즐기기도 했다. 그런 경험들이 쌓여가면서 마음속에 자라난 것이 있다.

"용산 미군기지를 반환받아 용산공원을 조성하는 것은 서울시에 대규모 공원이 하나 생긴다는 의미를 넘어 일제강점기와 냉전시대를 극복하고, 역사를 바로 세워가는 과정이자 그것을 증명하는 일이다. 용산공원 조성을 계속 외면하고 미루는 것은 엄청난 사회적 비용과 이 시대의 숙제를 다음 세대에 전가하는 것이다. 용산공원 조성은 건강한 생태 환경과 튼튼한 '사회적 자본'의 밑거름을 형성하는 과정이다."

마음에서 자라난 이 메시지가 잘 이루어지려면 '장소의 기억', '기억될 장소의 역사'를 찾아 정리해야겠다는 생각이 들었다. 그래서 지난 15여 년간 미래 용산공원의 모습을 그리면서 용산 곳곳에 흩어져 있는 역사·문화적 메시지를 기록해 왔다. 2022년에는 미국 메릴랜드 주에 위치한 미국국립문서기록관리청(National Archives and Records Administration Ⅱ)에 방문했고, 2023년에는 일본 도쿄에 위치한 방위성 방위연구소와 국립국회도서관을 찾아가 서울과 용산에 관련된 각종 자료를 수집했다.

'서울 용산'을 대상으로 시·공간에 대한 '도시 인문적' 접근과 이해를 도울 수 있는 방법은 무엇일까 오랫동안 고민했다. 고민 끝에 그간 아카이브 차원에서 준비한 자료를 활용하여 책을 내기로 한 것이다. 용산에서 이 책의 독자들을 만나 고민한 것을 나누며 서울 용산이라는 도시 공간의 비전과 방향을 함께 이야기해나가고 싶다.

이 책에는 용산 미군기지를 중심으로 우리나라 근현대사의 큰 줄기를 알 수 있는 장소들이 안내되어 있다. 늘 미지의 공간이었던 용산 미군기지가 이 책으로 제대로 알려지기를 바란다.

2024년 4월
용산김씨 김홍렬

용산 미군기지 땅의 이해

1) 미군이 한반도에 진주하게 된 배경

일제 강점으로부터 광복을 맞이한 1945년 8월 15일, 일왕 히로히토는 라디오를 통해 '대동아전쟁 종결조서'를 발표했다. 히로히토가 라디오를 통해 항복 의사를 밝힌 것으로 많은 사람이 알고 있지만, 실제로는 종전방송이었다.

이런 와중에도 일제는 사할린과 홋카이도에서 소련과 전투를 벌이고 있었다. 일본 천황은 8월 17일 일본군 육군대장 가와베 도라시로를 단장으로 한 16명의 밀사를 당시 필리핀 마닐라에 있던 미 태평양 육군 총사령관인 더글러스 맥아더에게 보냈다. 항복의사를 전달하기 위해서였다. 8월 15일로부터 2주가 지난 8월 30일, 미국군과 영국군으로 구성된 미영연합함대가 일본 요코스카에 입항했다. 맥아더는 8월 20일 일본의 사절단을 만난 자리에서 한반도의 38도선 이남 지역에 있는 일본군과 소련군인 이북 지역의 일본군을 무장 해제한다고 발표했다.

9월 2일 오전, 일본 외부대신 시게시쓰 마모루와 육군참모총장 우메즈 요시지로가 도쿄만에 정박해 있던 미 해군 미주리호 함상에서 항복문서에 조인했다. 일본은 태평양전쟁에서 패전국이 되었음을 공식화한 것이었다. 그로부터 6일 뒤인 9월 8일, 하지 중장과 미군은 인천 앞바다를 통해 한반도에 상륙했고, 다음날 9월 9일에는 조선총독부 제1회의실에서 조선총독 아베 노부유키로부터 항복문서를 받았다.

왜 미군은 도쿄와 경성에 동시 입성하지 않았을까? 그 시기의 기록을 더 찾아보았다. 8월 18일 소련군 동향 보고를 받은 맥아더는 조선총독부와 일본군에게 공인되지 않은 현지 세력에 항복하지 말고 기존의 법과 질서를 유지하라는 명령을 내렸다. 당시 일제는 미군에게 무슨 짓을 저지를지 모르는 공산주의자들이 조선으로 밀려오고 있으니 미군이 조선을 공격하면 그때 미군에게 항복하겠다는 의사를 전달했다고 한다.

용산에 주둔했던 수많은 일본군은 미군이 상륙하고 나서 무장 해제 후 본국으로 귀환했다. 이 과정에서 대혼란이나 마찰이 있었다는 기록은 없다. 그리고 미군은 용산 일본군 병영을 임시 주둔지로 활용했다. 1948년까지 이어졌던 미군정기 동안 미군들은 용산 병영시설을 '캠프 서빙고(Camp Seobingo)'라고 명명했다. 미24군단 예하 미7사단장 아놀드 소장은 미군정 장관에 임명되어 남한에 대한 통치권을 행사했다. 미7사단은 서울, 경기, 강원도를 점령하고 소련과 연락 관계를 구축하고, 38선 경계 임무를 담당했다.

 1948년 8월 15일, 대한민국 정부가 탄생하자 미군은 1948년 9월부터 1949년 6월까지 세 차례에 걸쳐 미군 철수를 단행했다. 곧바로 1949년 7월, 주한미군은 미군 철수에 따른 군사적 보완장치의 일환으로 임시군사고문단(PMAG)을 모체로 한 약 500명 규모의 미군사고문단(KMAG)을 발족시켰다. 미군사고문단은 대한민국 정부 수립과 동시에 한국 군대에 원조와 편성, 작전, 교육, 훈련, 군수 등에 이르기까지 모든 방면에 자문 활동을 했다. 한국 군대는 1949년 7월부터 6·25전쟁이 발발한 1950년 6월까지 약 1년 동안 과거 일본군이 사용한 용산 병영시설 등 곳곳에 주둔했다.

1945년 9월, 일본군이 남긴 용산 병영과 남산 일대를 촬영한 미군 항공사진

2) 미군의 장기 주둔 배경

국방부와 육군본부 그리고 미 군사고문단이 함께 위치했던 용산 지역은 6·25전쟁이 발발하자 한강을 넘어 남쪽 지역으로 피난을 갈 수 있는 인도교와 철교가 있는 유일한 곳이었다. 1950년 9월 28일 서울 수복 과정과 이듬해 서울 재수복 과정에서 수많은 폭격과 전투로 인해 엄청난 사상자가 발생했고, 도시 기반 시설이 큰 피해를 입었다.

북한군의 남하를 저지하기 위해 우리 국군은 한강 다리를 폭파했으며, 북한군 병력과 보급물자 수송을 차단하려는 목적으로 1950년 7월 16일 미공군은 B29폭격기를 이용해 용산 일대에 공중폭격을 가했다. 이 폭격으로 용산역을 비롯한 철도공장 등이 초토화되어 용산은 그야말로 아수라장이 되었다. 6·25전쟁 시기 미 해병대, 미 공군, 미 통신대대 등 다양한 부대의 촬영병들이 남긴 사진들을 통해 당시의 모습을 생생하게 볼 수 있다.

1953년 7월 정전협정 체결을 위한 회담이 진행되는 과정에서도 38도선을 기준으로 한 고지쟁탈 전투가 끊이지 않았다. 정전협정이 체결되고 미군은 전방지역과 후방지역에 대한 재편과 함께 대한민국 정부로부터 미군이 주둔할 수 있는 부지를 제공받게 된다. 이 모든 것은 1953년 10월에 체결된 '한미상호방위조약'을 근거로 하여 우리나라는 주한미군이 주둔할 수 있는 공여지를 제공했다. 이에 따라 미군은 기지 복구 및 건설을 추진하고, 그 과정에서 미8군사령부가 전방으로 이동하게 되었다. 미8군사령부 재배치 계획이 가시화되면서 6·25전쟁으로 파괴되었던 일본군 병영시설 자리에 용산기지 복구 계획이 구체화되었다. 사실 정전협정과 한미상호방위조약이 체결되기 이전인 1952년 9월 24일에 이미 용산기지 재건 프로젝트 1단계가 승인되어 있었다. 그래서 재건 작업이 곧바로 진행된 것이다.

미8군사령부는 서울 동숭동에 위치한 서울대학교 문리과대학 건물을 사용하고 있다가 용산기지 재건이 한창이던 1953년 9월 15일에 용산으로 옮겼다. 한미상호방위조약 제4조 "상호적 합의에 의하여 미합중국의 육군, 해군과 공군을 대한민국의 영토 내와 그 부근에 배치하는 권리를 대한민국은 이를 허락하고 미합중국은 이를 수리한다"라고 명시된 것을 근거하여 용산에 미군의 장기 주둔이 보장되었다.

1957년 7월 1일 일본 도쿄에 있던 유엔군사령부가 용산 미군기지로 옮겨오면서 미 극동지상군사령부가 해체되고 주한미군사령부(USFK)가 새롭게 창설되었다.

- 1950년 10월, 서울 수복 후 미 해병대가 남산 위에서 촬영한 용산 일대
- 1952년 10월, 6·25전쟁으로 파괴된 용산기지 물탱크
- 1952년 10월, 재건 중인 용산기지 제79건축공병대대

1953년 7월, 용산의 새로운 미8군지역 항공사진(용산 미군기지 메인포스트)

이때부터 용산 미군기지에 유엔군사령부, 주한미군사령부, 미8군사령부가 함께 공존하게 되었고, 용산 미군기지는 동북아 미국 지상군의 심장이자 중추 역할을 수행하게 되었다. 그리고 20년이 흘러 1978년 11월 7일 한국군과 미군을 통합지휘하기 위한 한미연합군사령부(ROK-US CFC)가 창설되었다. 이는 한국군이 작전통제권 행사에 참여하게 되었다는 의의가 있으며, 이후 한미연합군사령부가 있는 용산 미군기지는 한·미 동맹의 상징적 공간이 되었다.

3) 용산의 변화

우리나라 최초의 철도인 경인철도가 1899년 부설되었다. 경인철도의 부설은 단순히 운송 수단의 변화가 아니라 당시 사람들의 시·공간적 개념을 획기적으로 변화시킨 계기가 되었다. 1904년은 다양한 외래 문물이 밀려들어와 대한제국이 큰 시련을 맞게 되는 해였다. 일본은 1904년 2월, 러일전쟁을 일으키고 연이어 "군략상 필요한 지점을 임기 수용할 수 있다"는 내용을 담은 한일의정서를 조선 정부와 체결했다.

 이에 의거하여 일제는 용산 일대의 약 300만 평에 이르는 부지를 군용지로 강제 수용하겠다는 계획을 수립했다. 강제 수용 과정에서 용산 주민들이 강하게 반발하자 118만 평으로 축소·변경되었다. 그렇게 일본군 병영에서 미군기지까지 외국 군대가 주둔한 지도 한 세기를 훌쩍 넘었다. 이러한 역사적 시련은 오늘날 우리의 삶에도 지대한 영향을 미치고 있다.

 오랜 세월 동안 외국군의 군사 주둔지로 활용된 용산 미군기지 부지는 한동안 우리 국민들의 인식 속에서 백지 같은 공간이었다. 그러다 1990년대부터 용산기지 일부가 반환되고 용산가족공원, 국립중앙박물관, 전쟁기념관이 조성되면서 국민의 관심이 모이기 시작했다.

 1990년대 초, 미군기지 반환 협상이 좌초되었다가 2003년 한·미 정상 간 용산기지 이전 합의를 계기로 2004년 용산기지 이전 협정이 타결되었다. 이어서 2006년 노무현 대통령은 국립중앙박물관에서 "국민들께 용산 미군기지를 국가공원으로 조성하겠다"고 약속했다. 그에 따라 2007년에는 '용산공원 조성 특별법'이 제정되고, 2012년 국제 현상공모전을 통해 용산공원의 밑그림이 그려졌다.

 하지만 용산기지이전사업(YRP)과 연합토지관리계획(LPP)이 더디게 진행되면서 용산 미군기지 반환과 공원화사업이 계속 연기되고, 기본설계가 여러 차례 변경되었다. 이러한 가운데 주변 도시지역에도 많은 변화가 있었다. 이태원, 경리단길, 해방촌, 남영동, 한강로동 등이 젊은이들의 발걸음이 끊이지 않는 명소로 태어났다. 그리고 용산공원 계획상 '산재부지'라 불리는 유엔사·수송부·캠프킴 부지 등이 각종 개발사업들을 앞두고 있어 용산의 지속적인 변화는 자명한 일이 되었다.

차례

1. 일본군 병영에서 미군기지까지 용산기지 산책

2. 철도와 군용지의 탄생 한강대로 산책

3. 일제 상흔을 따라 **남산자락 산책**

4. 독립에 대한 간절한 염원 **독립의지 산책**

5. 해방과 미군시대 시대전환 산책

6. 지역문화와 외래문화의 공존 마을부군 산책

한눈에 보는 용산

서울역

청파로

한강대로

청파동

후암동

두텁바위로

효창공원

청파로47길

숙대입구역

효창원로

효창동

남영동

남영역

용산 미군기지
(용산공원)

효창공원앞역

백범로

원효로

메   인

용문동

삼각지고가차도

원효로1동

삼각지역

이태원로

원효로2동

청파로

욱천고가차도

사   우

원효대교

용산역

신용산역

한강로동

이촌2동

한강대로

서빙고로

청암자살교

한강대교

이촌역

이촌1동

노들섬

강변북로

20

- - - - - -	복개된 만초천 본류 구간
- - - - - -	복개된 만초천 지류 구간(이태원천)
————	미복개 만초천 구간

남산3호터널

남산타워

용산2가동

남산2호터널

남산1호터널

남 산

이태원2동

경리단길

한강진역

이태원1동

녹사평역   이태원역

한남동

한남오거리

스   트

보광동

한남역

서빙고동

한 강

서빙고역

21

1

일본군 병영에서 미군기지까지
용산기지 산책

☑ 위치: 용산기지 내부
☑ 거리: 3km
☑ 코스
① 용산기지 14번 게이트
② 사우스포스트 벙커
③ 미8군 121병원
④ 미8군도로
⑤ 드래곤힐호텔
⑥ 미65의무여단본부
⑦ 용산기지 1번 게이트
⑧ 미8군사령부 일대

남산과 한강 사이에 나지막한 구릉이 이어지는 지역이 있었다. 이 일대는 조선시대 '둔지방'이었고, 둔지방 아래 '지어둔계(현 용산 미군기지)', '와서계', '이태원계' 등 각종 구역 내 마을들이 있었다. 일본은 청일전쟁과 러일전쟁을 치르면서 용산 병영을 건설하여 대륙 침탈과 식민통치 근간을 형성했다. 1945년 8월 광복을 맞이할 때까지 한강통(현 한강대로)의 동측 공간은 일본군 포병, 보병, 기병을 비롯한 군사령부 등 군사시설들이 즐비한 공간이었다. 광복을 맞이한 기쁨도 잠시, 아시아·태평양전쟁의 패전국 일본과 승전국 미국과의 희비가 교차한 것처럼 서울 용산의 주인도 일본군에서 미군으로 전환되었다. 1948년 8월 대한민국 정부가 수립되면서 우리나라 국군이 잠시 주인이 되었지만, 6·25전쟁이 발발하면서 1953년부터 약 70년간 대한민국은 주한미군이 주둔할 수 있게 부지를 공여했다. 지금은 부지를 반환받아 대한민국 국민들이 향유할 수 있는 공간으로 재조성하고 있다.

남산타워

남산3호터널

남산2호터널

두텁바위로

소월로

숙대입구역

미 대사관 부지
(예정)

13

19

해병대사령부
부지

캠프 코이너
(반환 완료부지)

20

남영역

17

아메리칸센터
코리아 메인포스트

주한미합동
군사업무단

캠프킴
부지

16

미1군단도로

경리단길

21

한미연합군사령부

전쟁기념관

한국전쟁참전장병
추모탑

8 미8군사령부

삼각지역

15

이태원로

22

63

녹사평역

이태원역

61 7

54

1번 게이트

미군기지
고가차도

6

미65의무여단본부

65

용산구청

5

드래곤힐호텔

유엔사
부지

국방부

둔지산

녹사평대로

한강로

용산역

14

1 14번 게이트

사 우 스 포 스 트

수송부
부지

2 사우스포스트 벙커

일본군사령부터

4

미8군도로

56 57

3 미8군 121병원

미10군단도로

서빙고로

68

국립중앙박물관

용산공원
부분개방단지
(장교숙소 5단지)

69

정보대
부지

이촌역

13

이촌로

62

서빙고역

강변북로

1977, USAG-Y 영상

①

옛 일본군사령부 청사 정문

용산기지 14번 게이트

📍 한강대로38번길

- 1948년 9월, 미 제7보병사단사령부(옛 일본군사령부) 항공사진
- 2021년 8월, 용산 미군기지 14번 게이트

서울 지하철 4호선 신용산역 1번 출구 앞에는 용산우체국이 있다. 용산우체국 좌우로 V자 모양으로 뻗은 두 도로가 있다. 그중 아모레퍼시픽그룹 본사 건물과 접한 직선도로는 '한강대로38길'이며, 또 하나 국방부 방향으로 뻗은 도로는 '한강대로40길'이다. 이 두 도로는 일제강점기 신용산이라는 도시지역이 형성될 때부터 지금까지 도시 가로망을 유지하고 있어 도시 공간의 장소적 맥락에서 다양한 도시 콘텐츠들과 맞물려 있다. 특히 한강대로38길은 옛 일제강점기 용산 일본군 병영에서 가장 핵심이었던 일본군사령부 청사로 연결되던 길이었고, 또 일본군사령부 청사 정문 앞으로 넓은 도로 폭을 가지게 한 것은 매우 권위적이고 식민통치 힘을 상징으로 보이려고 한 처사로 해석된다.

1945년 8월 해방과 동시에 일본군사령부 청사의 주인이 미군으로 바뀌게 되었고, 이 길 또한 미 24군단 예하 미 7보병사단의 서울 입성 후 미 군정 시기와 대한민국 정부 수립 후 미군이 철수하는 1949년까지 미군의 상층부가 사용하던 시대별 중층적 역사를 가진 도로로 남겨지게 되었다. 6·25전쟁이 일어나고 1953년 정전협정 무렵에 다시 주한미군들이 용산으로 입성하게 되면서부터 오늘날 '한강대로38번길'은 그 이전의 50여 년과는 사뭇 다른 경관이 펼쳐지게 된다. 2016년 어간까지만 하더라도 '한강대로38번길'의 끝점에는 '용산 미군기지 14번 게이트(SP Hospital Gate)'가 있었다.

용산 미군기지 14번 게이트는 과거 일본군사령부 청사부터 미7보병사단, 대한민국 육군본부, 미8군의 121병원시설로 연결하던 출입문으로 시기별로 상징성을 유지해왔다. 2018년 국민들에게 공식적으로 문을 열었던 '용산 미군기지 버스투어'가 진행될 때 첫 시작점이 되었다. 2019년부터 2022년까지 전 세계가 '코로나19'라는 감염병으로 힘든 시기를 보내는 과정에서 용산 미군기지 사우스포스트 일부 지역이 한국 정부로 반환되는 절차가 차근차근 진행되었다.

사우스포스트 중에서 국방부 부지와 접해 있는 부지 일대가 반환되었고, 2022년 임시 개방을 거쳐 2023년 5월 '용산어린이정원'으로 조성되어 국민들을 맞이한 문이 바로 14번 게이트이다. 14번 게이트는 서울시 도시개발의 역사는 물론 향후 용산공원의 출입구로서 질곡의 공간 스토리를 담고 있다. 앞으로 용산공원 조성과 주변의 도시계획·관리 과정에서도 다양한 의사결정의 주체들이 호혜적 관계를 유지하여 소비적·상업적 도시 공간 외에 문화공간으로서 콘텐츠를 풍요롭게 담아내길 바란다.

2017년 8월, 용산기지 14번 게이트로 향하는 한강대로38길

2023년 8월, 용산어린이정원

②

옛 일본군사령부 작전센터

사우스포스트 벙커

- 1954년 7월, 미군 뒤로 보이는 사우스포스트 벙커 옛 모습
- 2020년 6월, 용산 미군기지 사우스포스트 방공호 입구

용산 미군기지 14번 게이트를 통과하여 들어가면 오른쪽에 콘크리트 덩어리로 보이는 매우 특이한 외관을 가진 건물을 볼 수 있다. 이곳은 한미연합군사령부 군사시설로 사용되었던 '사우스포스트 벙커'라 불렸던 건물이다. 일본군이 주둔할 당시 한반도와 대륙침략의 최정점에 있었던 일본군사령부의 작전센터로 세워졌는데 '일본군사령부 제2청사'라고도 불렸다.

광복 이후 일본군사령부 청사를 미7사단사령부가 사용한 것처럼 작전센터 건물도 1945년 9월부터 1949년 1월까지 미군이 사용했다. 1949년 미군이 미군사고문단을 제외하고 모두 철수한 뒤 1950년 6·25전쟁 발발 전까지 대한민국 육군본부 정보작전실로 사용한 기록도 전해진다. 6·25전쟁 과정에서 서울이 북한군에게 점령당했을 때 이곳 또한 북한군에게 잠시 빼앗기기도 했다. 이곳을 거쳐간 현대사 인물로는 박정희[1], 장도영[2], 김종필[3], 채병덕[4]이 있다.

다시 이 건물의 특징을 살펴보자. 저층부 외벽에 창문이 없는 것이 작전센터라는 지하 건축물의 특징을 잘 보여주고 있다. 사우스포스트 벙커는 과거 일본군 병영의 핵심시설이었던 총독관저와 일본군사령부 청사를 연결했던 방공호와도 연결된다. 현재까지도 그 입구와 내부가 잘 보존되어 있다. 일제가 무슨 목적으로 언제 만들었는지는 불분명하나, 미군의 공습에 대비하여 지하 벙커시설을 만든 것이라 추정하고 있다. 미군의 공격에 대비한 시설을 미군이 사용하고 있다는 사실이 아이러니하다.

사우스포스트 벙커는 용산 미군기지 내에서 존치대상 건물 중 하나로 향후 보존 및 활용에 있어 의미있고 가치가 높은 건물로 평가받고 있다. 게다가 향후 용산문화공원(용산 게이트웨이 사업부지)과 연결될 수 있고, 용산어린이정원 입구에 위치하고 있어 용산공원 내에서도 명소가 될 수 있는 가능성을 가진 곳이다.

---

1 대한민국 제5, 6, 7, 8, 9대 대통령(1963년 10월~1979년 10월)

2 제12대 국방부 장관(1961년 5월~6월), 제14대 대한민국 육군참모총장(1961년 2월~6월)

3 초대 중앙정보부장(1961년 5월~1963년 1월), 제11대 국무총리(1971년 6월~1975년 12월), 제31대 국무총리(1998년 8월~2000년 1월)

4 제2대 육군총참모총장(1948년 5월~9월), 제4대 육군참모총장(1950년 4월~6월)

옛 용산총독관저 터

미8군 121병원

- 옛 용산총독관저 전경
- 2018년 11월, 미8군 121병원 입구

일본군사령부 청사 뒤편의 둔덕 너머에는 용산총독관저가 있었다. 러일전쟁 직후 일본군사령관으로 부임하여 제2대 조선총독에 오른 하세가와 요시미치(長谷川好道, 1850~1924)가 러일전쟁 군사 잉여금으로 건설한 유럽풍의 초호화 건축물이었다. 기록에 따라 조금씩 차이는 있지만 1907년 기공하여 1909년경 완공된 것으로 알려져 있다.

이 건물은 사실 총독관저가 아닌 하세가와가 자신을 위한 관저로 건설한 것이었다. 하지만 육군대신이자 초대 조선총독이었던 데라우치 마사타케(寺內正毅, 1852~1919)의 지시로, 강제병합 이후인 1912년 지금의 용산 미군기지 드래곤힐 호텔 북쪽 인근에 지었던 총독관저와 서로 맞바꾸어 사용하게 되었다. 군사령관과 총독 간의 긴밀한 협의가 오고 가야 하기 때문에 위치상 근접 거리에 있어야 한다는 이유였다. 하지만 그 이유가 무색하게 용산총독관저는 너무 호화스러웠던 나머지 관리비 문제로 관저 본연의 기능을 하지 못했다. 총독관저 3곳 중 남산 왜성대 총독관저와 경무대 총독관저가 주로 이용되었고, 용산총독관저는 귀빈 행사 및 접대장으로 사용되었다. 해방 이후 용산총독관저는 미7사단 위관장교 숙사 및 미군사고문단(KMAG) 장교 클럽으로 사용되다가 6·25전쟁 때 폭격을 받아 파괴된 채로 방치되어 있다가 멸실되었다.

그후 그 자리에 1944년 텍사스에서 창설되어 1950년 인천상륙작전에 참가한 121병원이 자리잡게 되었다. 1959년 서울 용산 컴파운드(Yongsan Compound, 용산 미군기지를 말함) 내에 정착하여 'Seoul Military Hospital'으로 임무를 수행했다. 1971년 인천 부평 애스컴 시티에 위치하고 있었던 '121st Evacuation Hospital'이 용산으로 이전해오면서 기존에 운영되던 병원과 통합되었다. 그 후로 1994년에는 121st General Hospital, 2006년에는 121 Combat Support Hospital으로 명칭이 변경되었다. 2004년부터 2006년까지 병원장으로 근무한 브라이언 올굿(Brian Allgood) 대령의 이름을 병원으로 반영하여 2008년부터 줄곧 브라이언 올굿 육군 지원 병원(Brian Allgood Army Community Hospital)으로 불렸다. 병원 시설은 2014년 대대적으로 리모델링 되어 2019년 11월 시설이 폐쇄될 때까지 각종 의료지원 업무를 수행해왔다. 지금은 평택 캠프 험프리스로 이전하여 운영 중이다.

코로나19 팬데믹 시기에는 코로나 대응 시설로 활용하자는 의견도 있었으나 방치되다가 2022년 용산공원 부분개방과 더불어 이 시설의 활용이 다시 논의되고 있다. 현 용산공원 계획에서는 기존 121병원을 해체하여 총독관저 유구 터와 그 앞의 정원을 복원하고, 그 주변으로 문화시설과 수경시설을 배치할 예정이다.

- 1977년 7월, 미8군 121병원 전경
•• 2017년 7월, 미8군 121병원 전경

• 2019년 11월, 미8군 121병원 입구
•• 2018년 7월, 미8군 121병원 모형

용산의 중심축
미8군도로

미8군 고가도로 영상

- 1945년 9월, 일본군이 남긴 용산 병영과 남산 일대를 촬영한 미군 항공사진
- 2019년 11월, 미8군도로

미8군도로는 본래 후암동에서 신촌을 거쳐 동작진으로 이어지던 조선시대 옛길 위에 조성된 도로이다. 일제가 둔지산 일대에 병영을 건설하여 조선신궁, 후암동과 연결되면서 용산 병영을 남북으로 관통하는 군용도로로 변경되었다. 그 과정에서 둔지방마을이었던 신촌의 원주민들은 오랜 삶의 터전을 떠나야 했으며, 도로를 따라서는 '삼판정(三坂町, 미사카마치)'이라는 일본식 행정구역명이 붙여지게 되었다. 이 도로는 왕복 2차로임에도 폭이 넓은데, 초대 조선총독이자 육군대신을 지낸 데라우치 마사타케(寺內正毅)가 포병의 제일 큰 포차가 지나갈 수 있도록 도로를 넓게 만들라고 지시했기 때문이라고 전해진다.

　6·25전쟁 중이던 1952년부터 용산기지 재건을 시작한 미8군은 기지의 동서 방향 도로에는 숫자를(예 14TH STREET), 남북 방향 도로에는 알파벳(예 D STREET 등)을 부여하는 방식으로 도로명을 붙였는데, 현재의 '미8군도로'는 당시 'B도로(B STREET)'라는 이름으로 불렸다. 1960년대 이후 어느 시점부터 6·25전쟁에 참전했던 부대나 인물의 이름을 도로명에 사용하기 시작했는데, 이 과정에서 'B도로(B STREET)'가 '미8군도로(8TH ARMY ROAD)'로 개칭된 것임을 확인할 수 있다. 미8군은 1944년 텍사스주에서 창설된 부대로 태평양전쟁과 6·25전쟁에 참전했으며, 현재까지도 주한미군의 핵심 전력을 이루고 있다. '미8군도로'는 현재도 용산기지의 메인포스트와 사우스포스트를 북에서 남으로 연결하는 주요 간선도로로 활용되고 있으며, 도로의 시작점인 20번 게이트에서 국립중앙박물관 부지 북측과 접촉하고 있는 스포츠 필드까지 길이가 2km에 달한다.

京城龍山市街圖

경성용산시가도

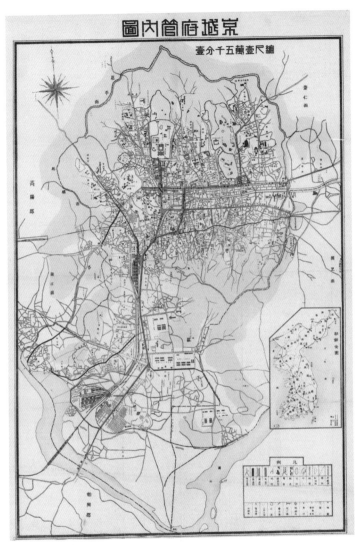

1927년 경성부관내도

옛 일본군사령관 관저 터

드래곤힐호텔

- 옛 일본군사령관 관저
- •• 2003년 드래곤힐호텔

미군 편의시설인 드래곤힐호텔(Dragon Hill Lodge, DHL)은 용산 미군기지 사우스포스트 1번 게이트를 통해 출입이 가능하다. 용산 미군기지 사우스포스트 둔지산 구릉 일대로 일제강점기에는 일본군사령관 관저가 있던 곳이다. 이곳의 입지는 과거 조선시대 '신촌'이라는 조선인 마을 터였다. 여름철이면 범람했던 한강 홍수를 피할 수 있었을 뿐만 아니라 남산, 인왕산, 관악산과 한강 일대의 수려한 전망을 즐길 수 있는 조망점이었다.

　드래곤힐호텔이 위치한 곳은 과거 일본군사령관 관저로 사용되었던 건물이었다. 1950년 6월에 발발한 6·25전쟁으로 인해 이 건물 또한 용산총독관저, 일본군사령부 청사 건물과 함께 폭격을 피할 수 없었다. 1950년대 후반까지 진행된 용산 미군기지 재건 프로젝트 과정에서 옛 일본군사령관 관저는 철거되어 역사의 한 페이지로 남게 되었다. 옛 일본군사령관 관저와 일본군사령관 소유의 온실과 화원이 있던 자리에는 미군 장교들이 사용하는 클럽, 수영장, 테니스장 시설들이 조성되었다. 서울 종로구에 있던 내자호텔을 대체할 시설이 필요하게 되자 1991년에 지상 10층 규모를 가진 드래곤힐호텔을 새롭게 건축하게 된 것이다.

　2017년부터 미8군사령부, 주한미군사령부, 한미연합군사령부가 계속 다른 기지로 이전하게 되면서 한국 언론과 시민사회단체에서 후속으로 주목하고 있는 대상이 '드래곤힐호텔'이다. 용산공원 조성의 주체인 국토교통부를 비롯한 중앙정부기관에서 용산 미군기지 반환과 향후 용산공원 조성 과정에서 향후 건물의 존치 여부, 그리고 활용방안을 두고 큰 고심을 하고 있다. 용산 미군기지의 남-북 축을 이루는 미8군도로와 접해 있기도 하며, 약 300만 평이나 되는 용산공원의 배꼽 자리인데다, 생태적으로는 남산에서 한강으로 이어지는 경관 생태의 흐름 속에 둔지산의 언저리와 맞물려 있는 시설이기 때문이다. 이 호텔 건물은 주한미군을 중심으로 사용한 건물이긴 하나, 조성 과정에서 우리나라 건설사들과 전문 기술인들이 참여했다. 이 기록은 미국국립문서기록관리청에서 확인한 바 있다. 다층적 의미를 가진 시설이라는 점에서 차차 용산 미군기지 반환 과정에서 국민들에게 개방과 의견수렴 과정을 충실히 해나가야 할 숙제를 가지고 있는 곳이다.

- 1954년 7월, 폭격으로 파괴된 일본군사령관 관저
- 2019년 6월, DHL 입구에 있는 옛 일본군 초소

- 2016년 11월, DHL 착공식 기념삽
- 2000년 DHL 증축공사 현장 입구

⑥

옛 일본군 용산위수감옥
미65의무여단본부

- 1948년 9월, 미7사단 구금소와 헌병대 숙소 일대(옛 용산위수감옥) 항공사진
- 2019년 11월, 옛 용산위수감옥 전경

용산위수감옥은 1909년에 완공된 건물 군으로 국내에 남아 있는 유일한 일본군 감옥이다. 1945년 8월 해방 이후 미 7보병사단의 구금소로 사용되었다가 1948년 8월 대한민국 정부 수립 후부터 6·25전쟁이 발발할 때까지 대한민국 육군에서 이태원 육군형무소로 사용했다. 이 시설을 거쳐 간 한국사 인물을 꼽으라면 의병장 강기동 선생, 백범 김구를 암살한 안두희, 장군의 아들로 이름난 김두한, 시인 김수영이 있다.

용산 일본군 병영에 위수감옥이 세워지기 전에는 1905년 7월에 남대문 인근에 설치했다가 이후 서대문 밖을 거쳐 용산으로 이전시킨 것이다. 초기에 설치된 수감 시설은 일본군 헌병(헌병 하사관 1인, 헌병대원 8인)이 운용했다고 전해진다. 1907년 4월 서대문 밖 대한제국군 병영 지역으로 이전한 일본군 군사감옥은 '한국주차 위수감옥(韓國駐箚 衛戍監獄)'으로 개칭되었다. 한국주차군 위수감옥은 서대문에서 용산병영 내 둔지산 자락으로 이전한다. 이전까지 대한제국 군대 병영을 침탈하여 사용하던 일제의 한국주차군은 대한제국 군대를 해산시키고 용산병영으로 위수감옥을 옮겼다. 한국주차군은 위수감옥의 청사가 완공될 무렵인 1909년 7월 24일 서대문에서 용산병영 내로 영구 이전했다.

옛 일본군 병영이 주한미군들에 의해 재건되고 재편되는 과정에서 옛 용산위수감옥은 어떤 부서에서 어떤 용도로 사용했는지에 대한 기초자료가 없어 지난 50~60여 년간의 변화 과정 규명이 어려운 상황이다.

분명한 이력은 1990년부터 2008년까지는 미8군 핵·생물·화학무기와 기타 보급·행정 부서에서 위수감옥을 이용했으며, 2008년부터 2017년까지는 제65의무여단본부와 부속건물이었다. 제65의무여단은 1960년 12월 1일자로 인천 부평의 애스컴구역사령부(Ascom Area Command, AAC)에서 서울구역사령부(Seoul Area Command, SAC)로 이동해 용산 미군기지에 자리잡았다. 이 일대의 공간적 활용 주체인 제65의무여단은 2017년까지 옛 용신위수감옥 일대에 주둔하다가 평택 험프리스 기지로 이전을 완료했다.

용산 미군기지의 배꼽
용산기지 1번 게이트

- 1974년 2월, 용산기지 1번 게이트
- 2019년 8월, 용산기지 1번 게이트

용산 미군기지 1번 게이트(SP Dragon Hill Lodge Gate)는 용산 미군기지의 배꼽 자리에 위치한 드래곤힐호텔로 출입할 수 있는 게이트이다. 이 출입구는 용산 미군기지 사우스포스트 지역에 위치한 것으로 우리나라 행정구역상 '용산동4가'에 해당한다. 1번 게이트의 위치는 이태원로 상에 있는데 서울 지하철 4호선과 6호선의 환승역인 '삼각지역'의 13번 출구와 6호선 '녹사평역' 4번 출구의 중간지점이다.

이태원로 일대에 한국 경찰들이 많이 배치되어 있다. 이들의 눈치를 보며 이태원로를 걷다 보면, 용산 미군기지 1번 게이트 표지조차도 제대로 인지 못하고 스쳐지나갈 수 있다. 1번 출입구 맞은편에는 메인 포스트 지역으로 출입하는 '2번 게이트(MP Main Post Club Gate)'가 있다. 이 출입구 또한 지금은 쉽게 인지하기 어려운 실정이 되었다. 용산 미군기지 메인 포스트와 사우스포스트 지역을 연결하는 고가도로 설치와 경비업체들의 파업 등으로 2005년부터 차량 출입이 어렵게 되었다. 2011년부터는 보행 출입까지 전면 폐쇄되어 보행 출입이 다른 출입구로 분산되면서 보행 출입자 모습을 자주 보기 어렵다.

필자가 미국국립문서기록관리청에서 수집한 자료를 통해 이 일대의 옛 경관이 지금과는 확연히 다른 모습이라는 것을 확인할 수 있다. 수집한 사진을 보면 이태원로와 용산 미군기지 1·2번 게이트가 만나는 자리는 사거리로 차량과 보행이 모두 이루어지고 있다. 그리고 미국에서 흔히 볼 수 있는 신호등이 사거리 상공에 설치되어 있다. 사진의 중앙부에는 용산 미군기지 메인포스트 뒤로 서울의 상징인 남산서울타워도 보인다.

향후 용산 미군기지가 용산공원으로 변모하는 과정에서 용산 미군기지 게이트를 그대로 운영할 것인가, 게이트를 연결하던 용산 미군기지의 담장을 그대로 유지할 것인가에 따라 용산공원 경계부는 물론 공원의 주변 도시지역과의 소통과 도시 활력에 엄청난 차이가 생길 것이다. 용산 미군기지 1번 게이트 부근을 지날 때면 항상 하게 되는 이러한 고민을 이 책의 독자들도 이 일대를 답사하면서 한 번쯤은 해보길 바란다.

주한미군의 상징 공간
미8군사령부 일대

- 1974년 2월, 유엔군사령부·주한미군사령부·미8군사령부 청사
- 2019년 11월, 평택 험프리스로 이전한 옛 미8군사령부 청사

미8군사령부 건물은 일제강점기 보병 제78연대 병영 건물로 일본의 동북아 패권주의의 현장이자 조선 식민지배의 핵심시설 역할을 했다. 붉은 벽돌로 세워진 건물들은 1908년에 준공하여 당시 일본군 보병들이 병영생활을 했던 공간이다. 해방 후에는 미군 제31보병연대가 주둔하게 되면서 1960년~1970년대 냉전시대의 상징이 되었다. 보병연대 예하에는 3개 대대, 대대 예하에는 4개 중대를 편성했는데 보병연대 병영 건물이 총 6동인 것으로 보아 보병 1개 대대가 각 두 동의 건물을 사용한 것으로 추정된다. 6동 중 한 동은 6·25전쟁 때 파괴되었다. 미8군사령부 청사는 1978년 맞은편 한미연합군사령부가 창설되기 전까지 유엔군사령부·주한미군사령부·미8군사령부가 함께 있었던 현대사의 역사적 현장이다.

유엔군사령부는 1950년 6·25전쟁 중 유엔안전보장이사회의 결의에 따라 같은 해 7월 24일 도쿄에서 창설된 기구이다. 유엔안보리의 결의에 따라 미국은 6·25전쟁 발발 직후인 7월 8일 극동군사령관인 맥아더를 유엔군사령관으로 임명하고, 7월 14일 도쿄에서 유엔군사령부기를 수여했다. 그 뒤 7월 17일 이승만 대통령은 효율적인 작전 지휘와 당시의 상황을 고려해서 맥아더에게 한국군에 대한 작전지휘권을 이양했다. 이에 따라 유엔군사령부는 6·25전쟁 중 한국군과 유엔군에 대한 작전통제권을 행사했고, 1953년 7월 정전협정 당시에는 중국, 북한과 함께 협정 당사자로 서명했다.

이후 1957년 7월 미군사 전략의 변화와 편제 개편으로 유엔군사령부는 도쿄에서 용산으로 이동하게 된다. 이때부터 유엔군사령부는 한국에 계속 주둔하면서 정전체제를 관리하고 한반도 평화와 안정을 위해서 중요한 역할을 수행하게 된 것이다. 미8군사령부 청사 및 지하공간이 있었던 유엔군사령부 지휘센터는 1970년대까지 유사시 한국을 포함해 일본의 후방기지를 지휘·통제할 수 있는 매우 중요한 기능을 수행했던 장소였다.

미8군사령부 청사 앞에 있던 6·25전쟁삼전장병추모탑은 원래 1935년 일본군 제20사단 78연대의 만주사변 전사를 기리기 위해 세운 충혼비였다. 6·25전쟁 후 미군은 이 충혼비의 상판을 교체하여 6·25전쟁에서 목숨을 잃은 미군장병을 기리는 추모기념탑으로 재활용했다. 이 기념비에는 역대 사령관 취임식이 이뤄지기도 했으며, 미국 제44대 대통령인 오바마 대통령도 이곳을 방문하여 추모한 것으로 알려져 있다. 이 기념비는 2018년 미8군사령부 이전과 함께 평택기지로 옮겨가 그 자리엔 초록빛 잔디 마당만 남아 있다.

한미연합군사령부 청사(ROK-US CFC)

한미연합군사령부는 대한민국 군대와 주한미군의 작전통제를 위한 조직이다. 한미연합군사령부 청사는 한미동맹의 상징적 시설 중 하나로 꼽힌다. 한국 전통건축의 외형적 양식을 적용한 지붕 등 1970년대 건축사의 한 부분을 보여주고 있어 용산 미군기지 건축물 중에서 역사적 중요도가 높은 건축물이다. 흔히 '화이트하우스(White House)'라 불리는 건물이다.

1978년 11월 7일, 서울시 용산구 용산 미군기지 메인포스트에서 한미연합군사령부가 창설되었다. 그동안 유엔군사령관이 행사하던 작전통제권이 한국군이 참여하는 연합사령관에게 전환됨으로써 한·미 군사관계가 발전하는 계기가 되었다고 평가받고 있다. 한미연합사령관이 유엔군사령관을 겸임하게 되고, 유엔군사령부 지휘센터를 대신해 연합사 내에 'CC Seoul(Command Center Seoul)'이라고 불리는 평시 작전지휘센터를 구축하여 유사시 한·미 지휘부가 한반도 전쟁을 총지휘할 수 있게 되었다. 1980년대 말부터 1990년대 초반 탈냉전 후 변화된 안보 환경과 대한민국 국력 신장에 따라 1994년 2월 1일을 기해 평시 작전통제권을 우리 군이 환수했다. 한미연합군사령부 청사는 2022년 평택 캠프 험프리스로 이전을 완료하고 현재 건물은 폐쇄되어 있다.

용산공원 조성계획에서도 한미연합사의 활용 방안을 고안하고 있다. 한미연합군사령부 건물 북쪽에는 일본군 보병 제78연대 정문 역할을 했던 보행교와 돌기둥이 지금까지 그대로 남아 있어 주요 건물들과의 관계를 유추할 수 있게 해준다.

2017년 5월, 한미연합군사령부 청사

주한 미합동군사업무단 청사(JUSMAG-K)

주한 미합동군사업무단(Joint U.S. Military Assistance Group, Korea, JUSMAG-K)은 1949년 7월 1일에 창설된 미군사고문단(United States Military Advisory Group to the Republic of Korea, KMAG)의 후신이다.

지금은 주한 미합동군사업무지원단이 사용 중인 이 건물은 일제강점기 일본군 보병 제78연대 정문 앞쪽에 위치하여 육군 장교관사로 사용되었다. 육군 장교관사는 유럽 건축양식의 느낌이 강한 외관이며, 1908년에 완공된 것으로 알려져 있다.

이 건물은 일제강점기에 일본군 장교관사로 줄곧 사용되다가 해방 직후인 1946년부터 1947년까지 한반도 신탁통치와 한반도의 임시정부 수립 등의 문제를 논의하기 위해 열린 미·소공동위원회가 열리자 소련군 대표단 숙소로 사용되기도 했다. 해방 직후 혼돈의 상황을 이해하고 상상해볼 수 있는 역사적 공간이다.

1950년 발발한 6·25전쟁 후 미군사고문단은 1953년 9월 임시 주한 미국 합동군사원조고문단(Joint U.S. Military Assistance Advisory Group, Korea(Provisional)(PROVMAG-K))으로 개편되고, 1955년 대구에서 서울 용산으로 이전했다. 이 건물은 1971년 주한 미합동군사업무지원단이 된 뒤로 지금까지 사용되고 있다.

미군이 옛 일본군 장교관사 건물을 보수하는 과정에서 기존 외벽에 드라이비트와 페인트 마감이 덧대어졌으나 비교적 건물의 원형이 잘 보존되어 있는 건물 중 하나이다.

2017년 5월, 주한 미합동군사업무단 청사

- 1956년 11월, 유엔군사령부·주한미군사령부·미8군사령부 청사 외관
- 1969년 9월, 용산 미군기지 메인포스트 제802공병부대가 준공한 유엔군사령부·주한미군사령부·미 8군사령부 청사 지하작전본부 외관

- 1957년 7월, 용산 미군기지 메인포스트 연병장에서 열린 사령관 교체식(이날 행사에 이승만 대통령 참석)
- • 1976년 5월, 용산 미군기지 메인포스트 연병장에서 바라본 유엔군사령부·주한미군사령부·미8군사
  령부 청사 전경

- 1956년 11월, 오늘날 한미연합군사령부 청사에 위치하고 있었던 미8군전몰자기념비
- ●●2017년 7월, 평택으로 이전된 6·25전쟁 참전 미8군전몰자기념비(옛 만주사변 전시자 충혼비)

- 1968년 4월, 용산 미군기지 메인포스트 미육군전략통신사령부와 주변 건물군 일대 항공사진
- 2015년 5월, 일본군 보병 제78연대 정문 역할을 했던 보행교와 돌기둥

2

철도와 군용지의 탄생

한강대로 산책

☑ 위치: 용산기지 서남측
☑ 거리: 3.5km
☑ 코스
① 옛 철도정비창 부지
② 강제징용 노동자상
③ 백빈건널목
④ 옛 철도관사 단지
⑤ 옛 용산철도공원
⑥ 용산역사박물관
⑦ 용리단길

한강대로는 서울역 앞에서 시작하여 용산역 앞을 지나 한강대교 북단까지 이어지는 길로 왕복 10차선의 큰 도로이다. 일제강점기에 접어들면서 한양도성이 무너지고, 전차가 다녔던 길이기도 하다. 일제강점기에는 '한강통(漢江通)'으로 불렸던 길이 1966년에 '한강로'로, 2010년 도로명 중심으로 주소가 개편되면서 '한강대로'로 사용되어 오고 있다. 서울 한양도성 안의 가장 상징적인 도로가 '종로'라고 한다면 20세기 서울의 굵직한 현대사를 모두 담고 있는 길은 '한강대로'라고 할 수 있다. 한강대로가 향후 보행자 시선의 중심축이 되기를 기대하며 용산역 일대부터 삼각지역 일대까지 걸어보자.

남영역

G17

캠프킴
부지

G16

복개된
만초천
지류구간
(이태원천)

삼각지고가차도

심각지역

원호로

당고개
순교성지

마복개 만초천 본류구간
(육천고가차도 하부)

옛 경성전기회사
용산출장소 터

청파로

육천고가차도

복개된
만초천
본류구간

세창로

옛 철도정비창 부지

옛 간조
경성지점

용광사 터

국방부

용산역

강제징용
노동자상

신용산역

용리단길

G14

용산역
광장

연복사탑
중창비

한강대로

버들개
문화공원

용산도시
기억전시관

용산어린이정원

한강철교

옛 철도관사
단지

옛 철도관사
단지

백빈
건널목

용산역사
박물관

와서 터

옛 용산
철도운동장

옛 용산
철도공원

서빙고로

이촌역

한강대교

이촌로

한강철교

강변북로

한 강

한강 최초의 교량

한강철교

한강철교 영상

📍 이촌동 319

• 1954년 3월, 한강의 드넓은 모래사장 위로 한강철교와 한강인도교를 담은 항공사진

•• 2023년 7월, 한강철교

오늘날 한강은 조선시대에는 구간별로 다른 이름으로 불렸다. 남산의 남쪽 일대부터 노량(지금의 한남대교부터 노량진)까지는 '한강', 노량진에서 마포까지는 '용산강'이라 불렀다. 세곡을 운반하고 보관하는 시설들이 집중될 수 있는 입지 조건을 갖춘 용산강 일대는 일찍이 교통의 요지로 발달하여 전국 세곡선들의 종착점이 되었다. '한강'과 '용산강'을 거쳐 마포 서부부터 양화진에 이르는 구간은 '서강'이라 했다. 서강 일대에는 광흥창, 염리창 등 세곡과 관련된 창고들이 위치하고 있었다. 조선시대에는 '한강', '용산강', '서강' 모두를 일컬어 '삼강'이라 불렀다고 전해진다.

　구불구불 흘러가는 '삼강'에는 넓은 백사장이 펼쳐지기도 하고, 멀리 북한산, 관악산 등 한양도성의 외사산 풍광을 볼 수 있는 명소가 많았다. 이랬던 곳이 큰 변화를 맞이하게 된 것은 강물 위에 거대한 콘크리트와 철재 구조물로 이뤄진 '한강철교'가 세워지면서부터다. 1899년 9월 경인철도의 인천~노량진 구간이 개통되고 이듬해인 1900년 7월 한강철교가 놓이게 되었다. 한강철교는 노량진역에서 용산역, 남대문역, 서대문역까지 철길을 이을 수 있는 발판이 되었다. 겨울이면 강물이 꽁꽁 얼어붙어 교통의 기능을 잃었는데, 철도가 생기면서 물자와 인력 수송이 가능하게 되었다는 것만으로도 도시의 삶과 경관은 한강철교의 이전과는 비교할 수 없을 정도로 큰 변화를 가져왔다.

　한강철교 건설은 용산역 앞 새로운 도시의 출현에도 큰 바탕이 되었다. 오늘날 삼각지역에서부터 한강대교 북단 일대까지 조선시대에는 없던 도시의 가로망과 주거 단지들이 출현했다. 그 도시를 우리는 지금까지 '신용산'이라 부르고 있다.

　'신용산'이라는 명칭은 단순히 지하철 역명이 아니라 20세기 한양도성 밖에 철도역, 철길과 함께 생겨난 근대 신도시의 이름이다. 한강철교는 6·25전쟁 당시 수많은 인파들이 피난길로 신댁한 곳이었으며, 폭격으로 파괴되어 시련의 상징이 되었다. 전후에는 '서울의 재건'을 상징하는 시설물로도 조명되었고, 현재는 대한민국 국가등록문화유산으로 지정·관리되고 있다.

THE IRON BRIDGE OF THE TRAIN, THAT HANGS
OVER THE RIVER KANKO, THE SUBURB OF KEIJO.

漢江に架る鐵道橋梁 （京城外郊）

일제강점기 조선명소였던 한강철교

1951년 6월, 북한군 남하를 저지하기 위해 폭피된 한간철교와 한강대교

한반도 철도망의 허브
용산역

📍 한강대로23길 55

- 1906년에 새로 지어진 옛 용산정거장(용산역)
- • 2021년 6월, 용산역

1910년 8월 29일, 이날은 대한제국의 국권을 상실한 날이자 나라를 잃은 날로 기억하고 있는 '경술국치일'이다. 한일병합조약이 강제로 체결되기 전부터 한양도성 밖, 특히 숭례문과 목멱산(지금의 남산)부터 한강 일대 사이에는 일본군 병영과 철도역(용산역) 건설이 진행되고 있었다. 대한제국의 국권 상실은 어느 한 날, 한 시에 일어난 일이 아니었다.

일제는 청일전쟁 이후 중립국 선언을 했던 대한제국의 수도 한성을 점령하면서 전쟁에 필요한 부지를 확보하기 시작했다. 결국 일제는 1904년 2월 23일 대한제국을 압박하여 군용지 수용의 근거가 되는 '한일의정서'를 체결했고, 용산, 평양, 신의주 세 도시에 군용지를 두게 된다. 그중 용산 지역에 군용지 수용 현황을 잘 보여주는 사료가 아래에 있는 '한국용산군용수용지명세도'이다. 이 지도는 남산과 둔지산 일대에 일본군 병영 건설 부지와 경의선, 경원선의 철도 부지 구역을 살펴볼 수 있다. 더불어 조선시대 이태원, 둔지미 마을 등 옛 마을의 분포를 파악할 수 있어 사료적 가치가 매우 높은 자료다.

군용지의 일부였던 철도 용지는 지금의 용산역과 국제업무지구 일대이다. 1904년 러일전쟁을 거치면서 일제는 '육군임시철도감부'를 조직하여 1906년 용산역은 대규모로 다시 세워졌다. 지난 100여 년의 시간 동안 전란과 재난을 거치면서 '경성역(옛 서울역)'은 한 자리를 지켜오고 있는 반면, 용산역은 역사의 켜를 무색게 할 만큼 큰 변화의 이야기만 남아 있다.

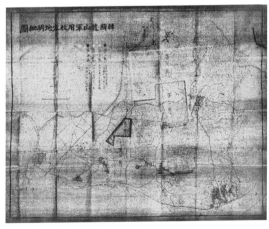

한국용산군용수용지명세도

일제의 철도공장
옛 철도정비창 부지

용산철도정비창 영상

📍 청파로 56-20

- 1953년 10월, 6·25전쟁 당시 폭격으로 파괴된 옛 용산철도정비창과 만초천 일대 항공사진
- 2020년 7월, 용산역 철도와 용산철도정비창

용산역 뒤편으로 높은 건물에 둘러싸인 넓은 공터가 하나 있다. 이곳은 일제강점기 기차를 수리하거나 열차 차량을 만드는 철도 공장지대가 있던 곳이다. 최근에는 '용산정비창' 혹은 '철도정비창'이라 불리고 있다. 당시 철도국이 총독부 직속으로 운영된 것을 보면 일제강점기 철도는 굉장히 중요한 시설이었음을 알 수 있다. 한반도 내에는 철도를 위한 공장이 부산, 평양, 청진 등 여러 곳에 있었는데, 그중에서도 용산철도정비창이 대표적인 철도공장이었다. 용산은 경인선, 경부선, 경의선, 경원선에 이르는 한국 간선철도의 중심에 위치하면서도 시·종점지로 열차 회송이나 운영에 유리했고, 군사전략상 매우 중요한 거점이었기 때문이다. 해방 이후 용산철도정비창은 서울공작창 등으로 명칭이 바뀌었다가 6·25전쟁 당시 폭격으로 파괴된 시설이 재건되어 서울철도차량정비창 등으로 사용되었다.

　2006년~2007년에는 서부이촌동을 포함하여 '단군이래 최대 개발사업'으로 불린 용산국제업무지구로 개발사업이 진행되었지만 2008년 글로벌 금융위기로 사업 추진에 난항을 겪다 결국 2013년 최종 무산되었다. 지금은 토양정화사업이 진행되고 있다. 2020년 5월, 정부의 공동주택 8,000가구 공급 소식이 전해지며 다시금 용산 개발의 뜨거운 감자로 대두되고 있다. 향후 용산공원 조성사업과 맞물려 전개될 용산철도정비창의 개발 방향이 어디로 흘러갈지 귀추가 주목된다.

1948년 9월, 한강 주변과 용산철도정비창 일대를 담은 항공사진

2018년 1월, 용산철도정비창 전경

②

강제 징용의 아픔이 서린

강제징용 노동자상

📍 한강대로21나길 17

2019년 5월, 강제징용 노동자상

용산역은 일제가 조선을 수탈하기 위한 침략의 거점으로 활용하고, 강제 징집하여 조선 청년들을 집결시켰던 참혹한 역사의 현장이다. 1914년 경원선이 개통되면서 용산역은 철도 운행의 요충지라는 위상을 차지하게 된다. 일제는 용산역을 통해 방대한 군수물자와 노동자, 군사를 전국 각지로 수송했다. 또한 일본이 침략 전쟁을 벌일 때마다 대규모 병력이 '출정'과 '귀환'을 반복했는데 전시체제에 강제 동원되었던 무수한 조선의 청년들이 고국의 품을 떠나 일본이나 중국 등지로 끌려가야 했던 출발지가 바로 용산역이었다.

　바쁜 사람들의 발걸음이 이어지는 용산역 광장 한가운데 한 손에는 곡괭이를, 다른 한 손에는 내리쬐는 햇빛을 가리며 앞을 바라보는 남성 노동자를 표현한 조형물이 있다. 2017년 8월에 건립된 이 노동자상은 일제강점기 일본, 사할린, 남양군도, 쿠릴열도 등의 광산, 농장, 군수공장, 토목공사 현장에 강제 징용되어 희생된 조선인 노동자를 기리기 위한 동상이다. 노동자상 주변으로 세워진 네 개의 기둥에는 과거 용산역의 모습과 강제 징용 노동자 사진, 그리고 강제 징용으로 남편을 잃은 여성 등이 새겨져 있다. 앞면에 적혀 있는 글귀는 참으로 열악했던 당시의 환경을 실감케 한다.

　"눈감아야 보이는 조국의 하늘과 어머니의 미소, 그 환한 빛을 끝내 움켜쥐지 못한 굳은 살 배인 검은 두 손에 잊지 않고 진실을 밝히겠다는 약속을 드립니다."

2020년 5월, 이태원 광장 소녀상

연복사탑 중창비

📍 한강대로21나길 7

2017년 5월, 연복사탑 중창비

북한 개성의 도성 중심지에는 '연복사'라는 거대한 사찰이 있었다. 창건 시기는 확실하지 않지만 고려 인종 1년(1123년) 송나라 사신을 따라 고려에 왔던 서긍이 저술한『고려도경(高麗圖經)』을 통해 연복사에 대한 기록을 살펴볼 수 있다. 당시 사찰 이름은 '연복사'가 아닌 '광통보제사'라고 불렸고, 사찰 인구인 태안문(泰安門)을 지나면 중문인 신통문(神通門)이 있었다. 중문을 지나면 '광통보제사'에서 가장 웅장했던 건물인 나한보전(羅漢寶殿)이 중심에 위치해 있었다. 나한보전 서쪽에 있는 5층 목탑의 높이가 2백 척이 넘었으며, 그 뒤로 1백 명 넘게 수용할 수 있는 규모의 법당과 승방이 있었다고 전해진다.

　조선 건국 이후 태조 이성계에 의해 사찰이 중수되면서 5층 목탑을 다시 세웠다. 연복사는 임진왜란과 병자호란을 거치면서 폐허가 되었지만, 범종과 연복사탑중창비는 현존하는 것으로 알려져 있다. 범종은 북한 개성 남대문 누각 위에 있는데, 연복사탑 중창비는 어디에 있을까.

　연복사탑 중창비는 북한 개성이 아닌 서울 용산에서 만날 수 있다. 용산역 인근의 한국철도공사 철도회관부지 남동쪽 코너에 자리하고 있는 석물이 바로 연복사탑 중창비로 전해진다. 이 비석은 연복사 5층 목탑의 건립 내력을 담고 있는 중요한 역사 자료다. 한데, 석물의 형태는 원형을 잘 간직하고 있지 못하다. 비문은 보통 거북이 모양을 하고 있는 귀부(龜趺) 위에 비문이 적힌 사각형의 비신(碑身)을 올리고, 그 위로 머릿돌 역할을 하는 이수(螭首)가 얹히는 형태로 이루어진다. 용산 한국철도공사 철도회관부지에 남아 있는 연복사탑 중창비는 귀부와 이수만 있다.

　개성에 있어야 할 중창비가 용산으로 어떻게 이전하게 되었는지에 대한 명확한 기록은 찾아볼 수 없다. 다만, 1910년 일본 학자 세키노 다다시 교수가 조선 고적을 조사하는 과정에서 용산으로 옮겨져 있는 연복사탑 중창비를 사진으로 기록했다는 것과 1930년대 경의선 건설과정에서 옮겨졌다는 이야기만 전해올 뿐이다. 그 후 100여 년의 시간 동안 이 중창비에 대한 자취를 알 수 없었는데 2012년 한 시민의 제보로 연복사탑 중창비의 소재가 파악되었고, 서울시는 2013년 5월 23일 유형문화유산 제348호로 지정했다.

③

철길 따라 과거를 마주하는

백빈건널목

📍 한강로3가 40-48

2017년 5월, 백빈건널목

"나 뒤통수 한 대만 때려 줄래요?"

 2018년, 가수 아이유와 배우 故 이선균 주연으로 나왔던 16부작 드라마 '나의 아저씨'에 나온 대사이다. 이 드라마에서 두 인물이 극도의 감정으로 치다를 때마다 등장하는 장소가 있다. 바로 철길 위를 차들이 지나가는 '백빈건널목'이다.

 서울에도 이제 이런 철길 건널목이 몇 안 남았다. 서울 중구 서소문역사공원 북쪽 '서소문건널목', 동대문구 회기역 인근 '휘경건널목' 외 용산에 네 곳이 있다. 용산에 있는 것은 반포대교 북단 아래 '서빙고북부건널목', 이촌역앞 교차로 '돈지방건널목', 그리고 드라마 '나의 아저씨'의 주요 배경이 된 '삼각백빈건널목'과 '백빈건널목'이다. 용산 이촌동 일대에 유독 철길 건널목이 많은 이유는 철도 경춘선과 지하철 경의중앙선이 용산역과 서빙고역 사이를 지나갈 때 '이촌로'와 '서빙고로'로 연결되는 차로와도 연결되어야 하기 때문이다.

 백빈건널목의 '백빈'은 조선시대 궁궐에서 퇴직한 백씨 성을 가진 빈(嬪, 조선시대 후궁에게 내리던 정1품 품계)이 이 근방에 살면서 자주 행차했다고 해서 붙여진 이름이다. 또한 사람들이 기차가 지나가면 차단기가 내려오면서 "땡땡~땡땡~" 소리가 난다고 하여 '땡땡거리'라는 이름이 생겨났다. 지금은 '백빈건널목'과 '한강로동 땡땡거리' 두 이름 모두 널리 알려져 있다. 백빈건널목은 수시로 지나는 기차로 인해 통행이 종종 멈추는데, 노량진역에서 서빙고역으로 이어지는 철도는 현재 운영하고 있지 않아 한적한 시골의 옛 철길과 같은 분위기를 자아낸다.

 백빈건널목 근방에는 높이가 낮고 예스러운 골목과 주택들이 즐비하여 마치 과거로 돌아간 듯한 분위기를 느낄 수 있다. 맛집이 있어 많은 관광객들이 이곳을 찾거나 온라인 동영상 콘텐츠 제작의 대상지이기도 하다.

④

용산역 전면에 펼쳐진
옛 철도관사 단지

📍 한강대로7길 14 일대

2019년 3월, 용산 한강로3가 일대 옛 철도관사 흔적

1907년 남대문정거장 앞 남산 기슭에 있던 통감부 철도관리국이 용산역 앞으로 이전해 오면서 용산역 일대는 각종 철도시설 및 부대시설이 모여들어 철도산업의 본산이 되었다. 용산 철도부지에 철도국, 철도관사, 철도병원, 철도공장, 철도구락부, 철도운동장 등이 빼곡히 들어차면서 일본인 종사원, 기술자들이 용산역 일대로 집결하기 시작했고, 50만 평에 달하는 새로운 생활권이 형성되었다.

　철도 운영에 관여하는 모든 구성원을 지칭하는 철도 종사원은 '철도 가족'이라는 끈끈한 유대감을 형성하면서 각종 복지혜택을 누렸다. 그중 으뜸은 철도관사인 주거시설과 철도병원의 의료혜택이었다. 철도 종사원들은 철도 운영을 원활히 하고, 유사시에 신속한 대응을 위해 업무 수행이 용이한 장소에 거주해야만 했다. 이에 철도 당국은 근무지 근처에 주거시설을 제공하는 제도를 시행하여 1906년부터 1908년까지 약 3년에 걸쳐 120동을 세웠다.

　철도관사 건물은 크기와 모양도 각기 다르게 세워졌다. 철도관사 단지는 3등급에서 7등급까지 5종류로 구성되었다. 한강로3가에 위치한 '해정'이라는 식당 건물은 1906년~1908년경 건립된 것으로 추정되며 철도관사의 옛 모습이 일부 남아 있어 그 규모를 확인할 수 있다. 4등급에 이르는 사무소장급 관사로, 지위가 어느 정도 높았던 사람이 살았던 곳으로 추측된다.

　'한강대로 15길 24'에 위치한 또 다른 철도관사는 중·중하위 직원용으로 1동에 여러 세대가 살았다고 추정된다. 용산의 철도관사는 차츰 그 수가 늘어 1925년에는 774동에 이르는 대단지를 이루었다. 하지만 1925년 을축년 대홍수로 용산 철도관사 단지 내 저지대에 있는 200여 채의 가옥이 심한 수해를 입고 파손되자 용산역에서 가까운 효창원 근처 이왕직에게 하사받은 땅에 금정 관사단지를 조성하게 되었다.

　수해를 입은 후 용산 철도관사 단지는 약 500여 채가 존속했는데 해방 이후 6·25전쟁을 거치며 대부분 없어졌다. 하지만 당시 건물의 흔적이나 도로 구획은 그대로 남아 있어 1927년 제작된 '용산시가도'와 오늘날 지도를 비교해 보아도 큰 차이가 없는 모습을 확인할 수 있다.

⑤

일제가 만든 최초의 공원

옛 용산철도공원

📍 한강로3가 65-608

- 2023년 7월, 용산철도운동장 터(아세아아파트 부지 현장 입구)
- 2023년 7월, 용산철도운동장 터(아세아아파트 부지 전경)

아세아아파트 개발 부지 일대에는 과거 국군복지단과 육군부대, 용산세무서, 아파트, 주택 등이 들어서 있었다. 특히 일제강점기 이 일대 부지에는 용산철도공원과 용산철도운동장이 있었다.

용산철도운동장에는 관람석을 갖춘 야구장과 육상경기장이 있었던 것으로 확인되며, 이는 1925년 동양 최대 규모의 경성운동장이 건립되기 전까지 경성에 몇 없는 야구장 중 하나였다. 용산철도운동장의 야구장 일부는 육군부대의 연병장으로 이용되었다.

용산철도운동장이 위치했던 한강통 16번지는 현재 용산구 한강로3가 65번지 일대로 부영주택에서 개발 예정인 아세아아파트 부지이다. 용산철도공원은 1915년에 개설된 공원으로 일제강점기에 가장 먼저 만들어진 공원이다. 철도 순직자들을 기리는 조혼비(弔魂碑)가 있었고, 정기적으로 철도조혼제(鐵道弔魂祭)도 개최되었으며 철도국 관련 전시나 견학 행사도 열렸다.

용산철도공원은 경성부가 처음 공원녹지의 현황을 조사한 1925년 「경성도시계획조사자료」에서 만철공원(滿鐵公園)으로 최초 명칭이 나타난다. 이후 문헌에서는 철도공원으로 기록되고 있다. 1925년 현황 일람표를 보면 만철공원은 1915년 10월에 개설되었으며, 한강통(漢江通)에 위치한다고 기록되어 있다.

'서울시가지도'를 보면 해방 후에는 미군 헌병대대(Camp Tracy)가 주둔한 것으로 파악되며, 이후 국군복지단과 육군부대가 용산철도공원 부지를 점유했고, 현재는 용산구 특별계획구역으로 지정되어 있다. 면적은 약 25,000㎡로 문헌에 따라 수치가 정확히 일치하지는 않지만, 기록의 오류 정도로 보아도 무방한 작은 차이다.

일제강점기 동안 공원의 확장이나 축소 없이 유지되었던 것으로 보인다. 용산철도공원에는 수영장 등 다양한 시설이 갖추어져 있었다고 전해지지만 흔적은 없다. 옛 용산철도공원 부지에는 현새 3층 규모의 용산세무서만 덩그러니 자리하고 있다.

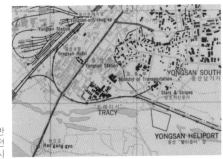

1950년대 후반
용산철도운동장 위치에 있던
캠프 트레이시

와서 터

📍 한강로3가 64 일대

2017년 3월, 와서 터 표석

용산철도고등학교와 용산시티파크 사이 보도에 표석이 하나 있다. 한강로 일대는 1405년(태종 5년)부터 1882년(고종 19년)까지 국가기관에 필요한 기와나 벽돌을 굽던 와서(瓦署)라는 관아가 있었다. 와서는 동요와 서요로 나뉘어 있던 것이 합쳐진 와요(瓦窯)에서 바뀌어 불린 이름인데, 원래는 다른 곳에 있다가 연산군 때 현재 용산구로 옮겨졌다고 전해진다.

1406년(태종 6년)에는 별서로 불린 별와요(別瓦窯)를 설치해 민간에도 판매하여 도성의 민가를 초가 대신 기와로 덮었다. 1882년에는 재정 절약 차원에서 와서를 혁파한다. 토질이 좋고 한강 물을 끌어 쓰기 편해서 와서가 폐지된 후에도 민간인들이 기와와 벽돌을 구웠다. 특히 중국인과 일본인이 소규모 공장을 세워 기와와 벽돌을 제조했다. 근처에 있는 용산신학교의 건물이 와서 부근의 벽돌 가마에서 제조된 벽돌로 만들어졌다는 이야기가 있다.

일제강점기 전후로 다양한 철도시설들이 생겨나면서 그 흔적을 거의 찾아볼 수 없었는데 최근 아세아아파트 개발 부지에서 기와를 굽던 가마 터 15기가 발견되었다.

용산구와 부영주택은 기와 가마 3기를 용산구 구유지인 '용산시티파크' 내 새터공원(서빙고근린공원 입구)으로 이전하기로 결정해 근처 주민들과 갈등을 빚기도 했다. 이 부지가 구유지이지만 공원을 조성하기에는 지나치게 협소하고, 주민 불편을 야기하는데도 굳이 발굴 장소에서 500m 이상 떨어진 이곳에 기와 터 유적지를 조성해야 하는지 이해할 수 없다는 것이다. 2024년 지금은 와서 터 이전에 대한 이슈는 사라졌고, 앞으로 한때 용산 파크웨이라 불렸던 사업이 전개될 예정이다. 그 과정에서 와서에 대한 이슈가 다시 언급될지 모니터링이 필요하다.

와서 터 위치

⑥

옛 용산철도병원

용산역사박물관

📍 한강대로14길 35-29

● 2017년 7월, 옛 중앙대학교 용산병원 신관 입구
●● 2020년 10월, 옛 중앙대학교 용산병원 전경

용산역과 관련된 철도 관련 시설 중 '용산철도병원'은 일제강점기 철도기지로서 신시가지로 개발된 용산을 상징적으로 보여주는 건축물이다. 1907년 통감부 철도국이 '동인병원'으로 설립했다가 1913년 '용산철도병원'으로 명칭이 바뀌었고 1928년에 철근 콘크리트조 벽돌로 마감된 지하 1층, 지상 2층 규모의 건물로 신축되었다. 당시 건물이 현재까지도 남아 있는데, 부드러운 곡선을 따라 빨간 벽돌로 마감된 건물은 미적 가치가 높은 것으로 평가받고 있다. 용산철도병원은 일본이 러일전쟁 전후로 철도사업을 펼치면서 부상당한 노동자들을 치료하기 위해 설립되었다. 노동자들의 치료뿐 아니라 용산역 철도관사 단지의 주민들, 일반인들까지도 이용할 수 있었다고 전해진다.

해방 이후 철도국(현 코레일)이 소유하고 있다가 1981년 건물 뒤편에 현대식 병원 건물이 지어져 1984년부터 2011년까지 중앙대학교가 위탁 경영했다. 1987년 1월 14일 박종철 고문치사 사건의 검안을 맡았던 내과전문의 오연상 박사도 당시 이곳에서 근무했다.

2011년 용산역세권 부지 개발사업으로 중앙대학교 용산병원은 철수하고 약 10년간 빈 건물로 방치되어 있었다. 용산구는 2020년 1월, 한국철도공사와 '용산철도병원 부지' 개발계획 수립을 진행하여 본관 건물 뒤편은 공동주택과 근린생활시설로, 철도병원 본관은 리모델링 후 용산의 역사와 문화를 들여다 볼 수 있는 '용산역사박물관'으로 조성하기로 했다. 그후 2년 뒤인 2022년 3월, 용산역사박물관이 개관했다.

용산역사박물관(옛 용산철도병원) 바로 옆에는 일제강점기 철도관사 내 사교클럽인 구락부가 자리했던 곳이다. 현재는 용산철도고등학교로 사용되고 있다.

2017년 7월, 옛 중앙대학교 용산병원 옛동 1층 홀

7

신용산의 탄생과 함께한 길
용리단길

옛 간조 경성지점

📍 한강대로42길 13

2016년 7월, 옛 간조 경성지점

일제강점기 용산역 주변의 이른바 신도시 지역에 해당하는 '신용산'은 한반도의 최대 철도 네트워크의 거점이었다. 경의선, 경원선, 경부선이 만나는 용산역 뒤로는 거대한 철도정비 공장과 창고들이 즐비한 공간이었고, 그 반대로 역사 전면부는 직선의 가로망으로 구획된 시가지를 이루고 있었다.

철도국을 시작으로 철도관사, 철도병원, 철도종사원양성소, 철도구락부, 철도운동장, 철도공원까지 그야말로 철도 도시이자 조선시대에는 볼 수 없었던 새로운 경관이 펼쳐졌다. 조선시대 용산, 당시 '구용산(오늘날 원효동, 용문동, 효창동 일대)'의 구릉에서 펼쳐지는 도시 경관과는 비교할 수 없는 시설들이었다.

일제강점기 '신용산' 구역 중에서 철도 관련 시설들이 즐비한 구역 외에 오늘날 용산우체국부터 삼각지역 일대는 다른 시설들이 위치하고 있었다. 먼저 이 구역은 용산 일본군 조선군사령부 청사와 사단사령부 일대와 가까운 곳으로 일본 사찰과 일본에 본사를 둔 토목회사가 곳곳에서 나타난다. 오늘날 '용리단길'이라 불리는 구역과 거의 일치하는 구역이다. 2030 젊은 문화 소비층이 찾는 카페와 음식점 사이로 100년 전 신시가지 '신용산'의 이야기를 만날 수 있는 곳이 있다.

그 첫 번째 장소가 '간조(間組, 하자마구미) 경성지점'이다. 간조는 1889년 일본 도쿄에서 창립한 건설·토목회사이다. 1919년 3·1 독립만세 운동을 경험한 조선총독부 제3대 총독 사이토 마코토는 '문화통치'를 전개했다. 이에 1920년부터 펼쳐진 식민통치와 관련하여 문화·사회 시설 설치에 주력했고, 관련 예산을 기존보다 2.7배로 증가시켰다. 이 가운데 '간조 경성지점'도 문화시설 건축공사를 수주하기 시작했다. 일본의 젊은 건축 기술자를 잇달아 입사시켜 조선의 건축·토목 사업을 맡도록 했다. 1906년 신용산 지역(당시 한강통 일대)에 첫 사무소를 설립하고, 1914년 '내지영업부'와 '조선영업부'로 구분한 뒤 '조선영업부'를 지금 자리에 세웠다. 간조 경성지점은 1925년 을축년 대홍수를 겪기 진까지는 목조(木造) 건물이었는데, 수해를 입고 난 뒤 1926년 2층 규모의 철근 콘크리트조로 다시 세워졌다. 이후 6·25전쟁의 폭격도 잘 비껴가 지금껏 약 100년 동안의 원형을 지키고 있다.

옛 용광사 터

 한강대로40가길 24

2017년 5월, 옛 용광사 터(현재 원불교 서울교당, 하이원 빌리지)

용광사는 일본 진언종 계통의 사찰이다. 이 사찰이 처음으로 등장하는 것은 1907년으로 당시 영정(榮町)이라는 곳에서다. 영정(榮町)은 지금의 용산구 신계동이다. 이때의 사찰 이름은 용산사(龍山寺)였는데, 일본인 주지 택광범(澤光範)을 비롯한 40명은 1917년 6월, 조선총독부 허가를 받을 때 용광사(龍光寺)로 이름을 변경하여 사찰 창립 신청을 했다. 그로부터 약 15년 뒤인 1932년 3월 용광사는 경성부 한강통 11-131, 132, 133번지로 이전하게 된다.

일본인 주지가 창립한 이 사찰은 일본군의 유골을 보관하고 영혼을 달래던 공간이다. 경성호국신사와 같은 기능을 했던 이 사찰을 우리가 주목해야 하는 이유는 이 사찰이 지어진 배경이 일제에 의해 경복궁이 훼철된 역사와 직결되기 때문이다. 일제는 1865년(고종 2년)에 경복궁 후원인 녹산 일대(현 청와대)에 중건된 융문당(隆文堂)과 융무당(隆武堂)을 헐어 1929년 용광사에 부재(部材)를 매각했다. 융문당의 부재는 용광사 본당으로, 융무당의 부재는 북동쪽의 객전으로 활용했다.

1945년 해방 후 미군정기인 1946년 용광사는 귀속재산으로 처리되면서 원불교에서 인수하게 된다. 이때 서울교당을 열게 되면서 본당은 법당으로, 객전은 남자생활관으로 사용했다. 그후 2007년 용광사가 있던 자리에 하이원빌리지가 건축되면서 건물은 또다시 헐리고 옮겨지게 되었다. 최종적으로 융문당의 부재는 전라남도 영광군 백수읍 길용리 영산선학대학교 입구로, 융무당의 부재는 전라남도 영광군 백수읍 대신리에 옥당박물관으로 활용되어 오고 있다.

현재 용광사는 사라지고 없다. 하지만 이 땅에 남아 있는 은행나무 노거수 아래에서 용광사를 이야기하고 기억해야 하는 이유가 있다. 우리 역사의 아픔은 한 장소, 한 시기, 한 건물에만 국한된 것이 아니라 다양한 켜 속에 중첩되어 우리 땅에 남아 있기 때문이다.

경복궁 융무당과 융문당 전면

옛 경성전기회사 용산출장소 터

📍 한강대로160

2016년 9월, 옛 경성전기회사 용산출장소 터

일제강점기 신용산 지역에서 경성역 방향(지금의 서울역) 가장 끝부분에 해당하는 삼각지역 일대에서도 옛 흔적을 잘 간직하고 있는 곳이 있다. 바로 '옛 경성전기회사 용산출장소 터'이다. 이 부지는 한강대로와 한강대로62길을 지날 때 특별한 관심을 두지 않는다면, 삼각지 화랑거리와 삼각아파트로 둘러싸여 있어 인지하기 어렵다. 이 부지는 현재 서울시 도시계획상 '제3종 일반주거지역'으로 한국전력공사가 소유하고 있다.

이 부지는 대한제국기 전차에 전기를 공급하던 곳이자 전차의 기착점의 역할을 하던 곳이었다. 한성전기의 전차의 역사가 시작되는 곳이다. 이러한 근대 문물과 식민 지배의 경제구조를 이야기 할 수 있다는 점에서 꼭 방문해 볼 필요가 있는 곳이다. 이 부지의 역사를 이해하기 위해서는 한성전기 설립 당시로 거슬러 올라가야한다. '한성전기'는 1898년 1월 16일 대한제국의 산업진흥을 위해 설립된 최초의 전기회사였다. 이후 1904년 8월 1일에 미국인 콜브란(H.Collbran)과 보스트윅(H. R. Bostwick)에게 소유권이 넘어가면서 '한미전기'가 되었다. 1904년 러일전쟁에서 승리한 일제는 한반도 식민지 경제구조를 이끌어가기 위해서는 대한제국을 압박하며 전기·전차·가스사업을 장악해야 한다고 판단했다.

일제는 미국인 콜브란이 경영하고 있었던 한미전기회사와 분쟁을 피하면서 전력 산업을 장악하기 위해 한미전기의 권리를 매수하는 방법을 고민했다. 동경와사(東京瓦斯)와 제일은행을 중심으로 통감부와 긴밀한 협의를 거쳐 1907년 통감부에 가스사업 허가권을 신청했다. 1908년 9월 30일 일한와사전기주식회사 창립총회가 개최된 후 콜브란과 매수협상을 거쳐 1909년 결국 한미전기를 인수하게 되었다. 이로써 한국의 수도 서울의 전기, 전차, 가스를 독점한 기업이 된 것이다. 일한와사전기주식회사는 1912년에 인천전기주식회사를 매입, 1915년 9월 11일에 경성전기수식회사로 이름을 비꿨다.

훗날 경성전기주식회사가 1937년 3월 10일 남선합동전기주식회사, 1943년 3월 30일 조선전업, 1961년 7월 1일 한국전력주식회사, 1982년 1월 1일 한국전력공사가 되었다. '한미전기'가 '한국전력공사'로 된 흐름을 보면, 이 부지가 어떻게 '경성전기회사 용산출장소 터'에서 '용산 한전창고'로 되었는지 쉽게 이해할 수 있을 것이다.

3

일제 상흔을 따라
남산자락 산책

서울의 얼굴이자 상징인 남산, 그리고 남산 아래 펼쳐진 마을 곳곳에 우리나라 근현대사와 함께한 장소들이 있다. 일제가 한일의정서 체결을 명분으로 하여 용산에 군용지를 수용하고 병영을 건설하게 되면서 사격장이 생겨나기 시작했다. 이어서 조선인들의 삶터였던 마을에 점점 일본인 중심의 소학교, 중학교 등 교육시설이 설치되면서 남산 일대의 경관은 조선시대와는 확연히 달라졌다. 문화주택 건설과 함께 이야기되는 소월로 아래의 신세이다이 주택지와 조선은행 사택지 조성으로 남겨진 도시의 필지와 골목길, 일부 주택의 흔적들은 약 100여 년의 긴 시간을 거슬러 올라간 느낌마저 준다. 길을 따라가다 보면 '경성호국신사'가 있었던 자리와 그곳으로 향하는 길이었던 '108계단'을 만나게 된다. 지도를 들고 주변에 어떤 건물들이 있는지 살피면서 걷다 보면 우리가 살아가는 서울, 용산에 아직도 역사가 숨쉬고 있음을 느낄 수 있을 것이다.

❼ 옛 조선신궁

서울시교육청
용산도서관

후암초

후암로28길

**❻ 옛 신세이다이
주택지**

후암동
주민센터

김상옥 의사
항거 터

**❹ 옛 조선은행
사택지**

❺ 옛 가마쿠라 보육원

❸ 옛 삼판소학교

복개된
만초천
지류구간
(후암천)

두텁바위로

108 하늘계단

용산중

❷ 옛 경성호국신사

용산고

숭실학교 터

신흥시장

해방교회

보성여고

후
암
로

남산3호터널

남산2호터널

남 산

소월로

이태원2동
주민센터

❶ 옛 일본군사격장

복개된
만초천
지류구간
(이태원천)

미 8 군 도 로

메 인 포 스 트

미복개 만초천 지류구간

지하차도

G19

G20

G21

G2

G1

G3

G4

이태원로

사평역

이태원역

신
흥
로

녹
사
평
대
로

①

아파트 단지가 된
옛 일본군사격장

📍 녹사평대로 254 일대

- 1963년 10월, 옛 일본군사격장을 그대로 사용한 미군
- 2020년 7월, 남산2, 3호터널 인근과 옛 용산사격장 일대 경관

1944년 제작된 '병정님'이라는 영화가 있다. 조선 청년들에게 태평양 전쟁에 가담하기를 촉구하는 군국주의적 성격의 작품이다. 이 영화가 펼쳐지는 주 무대는 용산 일본군 병영 일대인데 훈련병들이 사격장을 다녀오는 모습이 나온다.

영화 속 사격장을 찾고 싶다면, 녹사평대로를 따라 남산 2호 터널과 3호 터널 방향으로 오르는 길 오른편에 위치한 아파트 단지를 주목하면 된다. 긴 장방형 형태 부지에서 두 건설사의 아파트 단지가 생겨난 이유를 묻고, 또 묻다 보면 일제강점기 일본군이 사용했던 사격장 부지였다는 것을 알게 된다.

일본군이 사격장을 만든 것은 1907년의 일이다. 일제는 1904년 한일의정서 체결 후 용산에 군용지를 수용하고 용산 곳곳에 병영을 설치했는데, 그중에서 조선 시대 이태원 마을 주민들이 삶의 터전을 일군 남산 남사면 자락의 경사로를 활용하여 사격훈련장을 완공했다. 1917년에는 사격장을 확장하는 공사를 감행했다.

일본군이 사용한 사격장은 6·25전쟁 이후 주한미군의 사격훈련장으로 이용되었다. 1965년 사격장 부지에 군인아파트가 들어서기 전까지 약 반세기 동안 목멱산 산골에 총성이 가득했던 분위기를 상상해 보면, 일제강점기 이태원 주민들이 얼마나 공포와 불안을 느끼며 살아갔을지 이해할 수 있다.

1963년 10월 11일 당시 김성은 국방부 장관과 민기식 육군참모총장 등 고위 인사가 참석한 가운데 남산 미8군사격장에서 '군인아파트 기공식'이 거행되었다. 이날 앞으로 건설될 아파트 9동에 군인 장교 가족 430가구를 수용할 것이라고 밝혔다. 이태원동 군인아파트는 1965년 준공되었고, 1990년 4월까지 25년간 사용되다 1990년 5월부터 비어 있게 되었다. 이유는 당시 대한주택공사가 1990년 10월부터 이태원동 군인아파트 부지를 공개 매각하기로 결정했기 때문이다. 그해 12월 서울시에서 대한주택공사가 대우연합 직장주택조합에 매각하기로 한 군인아파트 토지거래를 남산경관보호차원에서 허가하지 않을 방침을 밝혔다. 여러 차례 공매에도 군인아파트 부지가 팔리지 않자 1992년 11월 대한주택공사가 32평 130가구를 분양하는 것으로 끝맺음 되었다. 이러한 과정으로 인해 사격장 부지 경계 그대로를 간직한 채 두 개의 아파트 단지가 나란히 서 있게 되었다.

②

조선판 야스쿠니 신사
옛 경성호국신사

📍 용산동2가 1-641

- 2018년 11월, 후암동 108계단
- 2017년 4월, 경성호국신사 터 일대

해방촌, 신흥시장과 후암동 108계단 사이의 지형은 매우 가파른 경사로가 많다. 하지만 그렇지 않은 지역이 딱 한 곳 있다. 바로 '용산동2가 1-641'이다. 이 일대는 주변과 달리 거의 평지와 같은 수준의 부지를 가지고 있다. 이 부지 일대에 얽힌 이야기를 이해하지 못한다면 그냥 지나칠 수 있는 곳이기도 하다.

　지금으로부터 약 80년을 거슬러 올라가 보자. 1940년부터 1943년까지 용산 병영 주변에 '경성호국신사'가 지어지게 되었다. 이 신사는 일본의 야스쿠니 신사와 같은 기능으로, 일제와 천황을 위해 목숨을 바쳐 전쟁터에서 전사한 사람들의 영령을 모시는 곳이다. 그래서 전사자들을 위한 위령제를 지내면서 '초혼사(招魂社)'를 시행했다. 일본 메이지 시대 이전인 에도 시대에 행해진 초혼제는 적군·아군을 가리지 않고 쌍방 전사자들의 넋을 모두 위로하는 관용적 성격을 가졌다. 하지만 메이지 시대에 들어 군국주의가 확립되면서 초혼제 대상이 아군으로 축소되었다. 이는 자신들이 가해자이면서도 피해자에 대한 배려는 하지 않는 것으로, 전쟁과 식민 지배에 대한 자기반성적 태도가 결여된 것이다.

　1937년 일제는 중일전쟁 등 침략전쟁을 확대했고 전사자가 기하급수적으로 늘어났다. 이는 초혼제를 개편하고, 일본의 초혼사를 호국신사로 개칭할 필요로 이어졌다. 1939년에는 호국신사제도가 확립될 수 있는 제도가 마련되면서 일제는 조선에도 호국신사 건립을 계획했다. 바로 일본군사령부와 제20사단 사령부가 있는 용산과 제19사단이 있는 함경북도 나남이 그 대상지가 되었다. 용산 일본군 병영 근처인 남산 자락이 적합한 대상지로 물색되었고, 그곳이 바로 지금의 '용산동2가 1-641' 일대의 약 2만 2천평의 부지가 경성호국신사가 들어서는 공간이 되었다.

　1943년에 빈포된 '조선인 징병령'으로 인해 1944년 1월부터 조선 청년들도 전쟁터에서 전사하면 일본군으로서 신사에서 모셔 위령제를 지낼 대상이 되었다. 이는 일제의 내선일체 정책과 맞물려 있는 지점이기도 하다.

　1945년 8월 해방을 맞이하게 되면서 경성호국신사는 쓸모를 잃고 비워졌다. 해방 후 선천 지역에서 월남한 주민들이 옛 경성호국신사 일대에 터를 잡고 살게 되면서 신사 건물은 자연스럽게 해체되었고, 지금은 경성호국신사로 오르내렸던 108계단 일부만 남아 있다.

③

일본인을 위한 학교

옛 삼판소학교

📍 두텁바위로1나길 19

2018년 10월, 삼광초등학교

후암동은 일본인들에게 각광받는 주거지 중 하나였다. 1906년부터 약 118만 평에 이르는 거대한 땅에 지어지기 시작한 용산 일본군 병영은 과수원, 밭, 무덤 등이 즐비했던 북동측 지역 즉, 오늘날 후암동 일대를 송두리째 바꾸어 놓았다. 도동(桃洞)이라 불릴 정도로 복숭아꽃이 흐드러졌던 후암동은 1908년 일제가 놓은 신작로(현 후암로)를 중심으로 도시구조의 큰 틀이 마련되어 오늘날까지 이어지고 있다.

후암동의 주변 상황을 살펴보면 아래에는 일본군 용산 병영이 있고, 양옆으로는 남산 위의 조선신궁과 경성역(현 서울역)이 있고, 용산역, 명동과 가까운 위치였다.

옛 수도여고가 있던 공간을 따라 골목길 안쪽으로 향해 걸어가다 보면, 삼광초등학교가 나타난다. 삼광초등학교는 개교 100년이 넘은 교육시설로, 일제강점기에는 '삼판소학교'라 불린 일본인 학교였다.

당시 후암동 일대에는 삼판소학교뿐만 아니라 경성제2공립고등여학교와 용산중학교 등 일본인 학교들이 있었다. 이렇게 많은 일본인 학교는 일본인들이 더욱 후암동에 살고자 하는 이유가 되었을 것이다.

1953년 8월, 후암동 삼광초등학교와 주변 수도여고 일대

조선은행 직원들의 집단거주지

옛 조선은행 사택지

📍 후암로16가길 7 한국은행 후암생활관

2017년 5월, 한국은행 후암생활관

남대문시장과 을지로입구로 연결되는 남대문로를 따라가면 신세계백화점 본점과 서울중앙우체국을 마주보며 오랫동안 자리를 지키고 있는 건물이 있다. 일제는 조선 침략과 경제 수탈을 위해 1905년 경성에 일본 제일은행 경성지점을 세웠다. 통감부가 4년 뒤 1909월 10월에는 한국은행을 설립하고 제일은행 경성지점 업무를 인계하여 중앙은행 역할을 하게 했고, 1911년 조선은행으로 이름을 바꾸었다. 그 당시 일본을 대표하는 건축가로 동경역과 일본 제일은행 본점을 설계했던 다쓰노 긴고(辰野金吾)에게 경성의 은행 본관 건물 설계를 맡겼다. 건물은 유럽풍의 양식을 가진 건물로 지어졌고 반구형 돔을 얹어 이 일대에서 가장 독특한 외관을 가진 건물로 한 번에 1,600여 명을 수용할 수 있는 규모를 자랑했다.

　6·25전쟁 때 큰 화를 모면하여 오랜 외관을 잘 간직한 이 건물은 1981년 사적으로 지정되었고, 2001년 화폐박물관으로 재조성되어 국민들에게 개방되었다.

　옛 조선은행에서 근무했던 직원들의 사택도 있었는데, 그 위치가 바로 지금의 후암동 '후암로16가길 7' 일대이다. 일제강점기 후암동은 삼판통(三版通)이라 불린 대표적인 일본인 거주 지역이었다. 남산 중턱에 한양도성을 허물고 조선신궁(朝鮮神宮)을 세우고 그 앞으로 길을 새롭게 조성했다. 그 길이 지금의 '소월로2길'과 '도동삼거리'로 이어져 남대문로로 연결되고 있는 것과 동일하다. 이 길은 삼판통에 사택지를 조성하게 되는 배경이 되었다. 조선은행 사택지는 조선은행 경성본점과 멀지 않으면서도 경성역과 가깝다는 이점이 있었다.

　1921년 조선은행 사택 계획은 조선건축회의 정회원이자 조선은행 영선과장인 오노(小野二郎)와 노나까(野中技師)가 맡았고, 시공은 대창조라는 회사가 담당했다. 총 23개동에 35호를 수용하는 주택단지가 설계되었다.

　설계자 오노는 조선의 풍토와 기후 상황을 고려한 '방한 건축'을 강조했다. 집의 형태는 중복도를 중심으로 콤팩트하게 접집화하고, 남향 배시와 유리로 내실화한 베란다를 전면에 두어 온실효과를 이루게 했다. 방한의 벽체 재료는 벽돌보다는 콘크리트 블록을 사용하도록 했고, 온수난방도 도입했다. 중앙공원을 중심으로 삼판통 언덕의 구릉지에 8개 블록을 방사형으로 배치했고, 합숙소 전면에는 남산에서 만초천 본류로 흘러가는 하천이 보이게 했다.

　옛 조선은행 사택지 건립 당시에는 담장 구획은 없고, 은행 직급(등급)에 따라 공원 가까이에 부장급 사택 3호를 중심으로 방사형으로 분산되어 있었고, 연립형 사택은 동쪽과 서쪽 방향으로 연결되었다. 많은 변화가 있었던 것 같지만, 옛 조선은행 사택 조성 당시의 필지 구성과 가로망은 그대로 남아 있다.

일제강점기 근대식 고아원의 시작

옛 가마쿠라 보육원

📍 후암로4길 70 영락보린원

2017년 5월, 옛 가마쿠라 보육원(조선시대 전생서 터)

용산중학교 정문 맞은편에 있는 골목을 따라 남산 방향으로 올라가면, 후암동 주택가 사이로 오랜 역사를 간직한 '영락보린원'을 만날 수 있다. 우리나라 최초의 고아원이라고 전해지는 곳이다.

 원래 이곳은 조선시대 국가 제사 때 사용되는 가축인 '희생(犧牲)'을 기르고 제삿날에 맞춰 도성 안으로 공급하던 '전생서(典牲署)'가 있던 곳이었다. 일제강점기인 1913년 일본인 전도사인 소다 가이치(曾田嘉伊智)가 영락보린원의 전신인 동경(東京)의 가마쿠라 보육원의 경성지부로 설립한 시설이다. 소다 가이치는 1905년 조선에 들어와 전도사로 활동했고, 전생서 터에 있었던 20평 남짓의 한옥에서 고아 5명을 돌보기 시작했다. 아내 우에노 다키(上野タキ)와 1921년부터 가마쿠라 보육원을 운영하면서 평생 동안 고아들을 돌보았다. 가마쿠라 보육원 경성지부 설립 26주년이 되던 1939년에는 1천여 평의 부지와 건물을 무상으로 대여받아 해방 직전까지 수백 명의 고아를 돌보았다. 77세가 되던 1943년에는 보육원을 부인에게 맡기고 함경남도 원산에 있는 일본인 교회로 거처를 옮겼다.

 1945년 해방 후인 1947년 3월, 영락교회 한경직 목사가 가마쿠라 보육원을 인수한 뒤 이름을 '서울보린원'으로 바꿨다. 한경직 목사는 1951년 1·4후퇴 때에는 고아 60명을 데리고 제주도로 피난을 가기도 했으며, 서울 수복 후에는 '영락보린원'으로 재개원하여 지금에 이르고 있다. 본 시설 정문 안쪽에 한경직 목사의 기념비가 서 있는 이유이다.

 영락교회 한경직 목사에게 보린원을 인수하고 난 뒤 소다 가이치는 어떤 삶을 살았을까. 1947년 일본으로 돌아가 한국에 대한 국민적 참회를 역설했고, 이러한 공을 인정받아 1961년에는 사회 인사가 된 고아원 동문들의 도움과 한경직 목사의 초청으로 다시 한국으로 돌아와 윤태일 서울특별시장으로부터 서울특별시 시민증을, 국가재건최고회의로부터 일본인 쇠소로 문화훈장을 받았다. 1962년 3월 28일 가마쿠라 보육원의 후신인 영락보린원에서 고아들을 돌보며 생활하다가 향년 94세로 세상을 떠났다. 그가 1962년 세상을 떠나자 그의 아내 우에노 다키와 함께 서울 양화진 외국인선교사 묘원에 안장되었다.

김상옥 의사 항거 터

📍 후암로28바길 5

일제 식민 지배를 벗어나기 위해 몸 바친 항일독립운동가들의 삶은 대한민국 온 국민들에게 귀감이 된다. 일제는 1919년 3월 1일 독립만세운동이 일어나자 그간 유치해왔던 무단통치를 철회하고 '문화통치기'라는 노선으로 변경한다. 헌병이 경찰 업무를 대행하던 무단통치와는 달리 '보통 경찰제'를 실시하며 조선인들에게 언론의 자유를 부분적으로 허용하는 것처럼 보였다. 하지만 이는 실질적인 검열과 억압을 더욱 확대 유지시키는 명분이었고, 친일파 양성은 더욱 적극적으로 이루어졌다.

서울역 앞에는 이 시기 무장투쟁 및 의열투쟁을 한 독립운동가 '강우규 의사' 동상이 설치되어 있다. 강우규 의사는 제3대 총독으로 부임하는 사이토 마코토[齊藤實]를 폭살하기로 결심하고, 1919년 9월 2일 남대문 정거장(현 서울역)에서 사이토의 마차에 폭탄을 던졌으나 총독을 암살하지는 못했다. 강우규 의사는 폭탄 투척 후 피신하던 중 일제 경찰에 복무한 김태석에게 체포되어 1920년 11월 29일 서대문형무소(옛 서울구치소)에서 사형을 당했다.

용산 효창공원 백범김구기념관 입구 아래에는 또 다른 독립운동가 '이봉창 의사' 동상을 마주할 수 있다. 이봉창 의사는 1932년 1월 8일, 관병식을 마치고 돌아가던 히로히토를 겨냥하여 사쿠라다문(櫻田門)에서 수류탄을 던졌다. 궁내대신(宮內大臣)의 마차는 피해를 입었으나, 히로히토는 다치지 않아 거사는 실패로 돌아갔다.

이 외에도 1919년부터 1930년대까지 의열투쟁으로 일제의 식민통치 기관이나 일제 요인, 친일파를 처단하는 것으로 독립운동이 진행되었다.

2015년과 2016년에 영화를 통해 우리는 또 한 명의 독립운동가를 주목하게 되었다. 2015년에 개봉한 영화 '암살'은 1932년 3월에 진행되었던 조선 제6대 총독 우가키 가즈시게 암살작전을 모티브로 한 것이다. 이듬해인 2016년에는 영화 '밀정'이 개봉했는데, 이 영화는 소설 『1923 경성을 뒤흔든 사람들』을 원작으로 한 작품이다. 이 두 영화의 모티브는 '김상옥 의사'이다.

용산 후암동은 의열단원으로 활동하던 김상옥 의사의 이야기가 묻힌 공간이다. 김상옥 의사는 1920년대 당시 독립운동가를 악랄하게 탄압했던 종로경찰서에 폭탄을 던졌다. 그날은 1923년 1월 12일이었다. 이후 일본 사이토 총독이 회의에 참석하러 도쿄에 간다는 소식을 듣고, 총독 암살을 위해 서울역 주위를 수일간 배회하다가 종로경찰서 무장 경찰 20여 명에게 포위되었다. 그는 총격전으로 일본 경찰 20여 명에게 중상을 입힌 뒤 후암동에 살고 있는 매부인 고봉근의 집에 몸을 숨겼다. 하지만 일본 경찰에게 발각되어 다시 총격전을 치르며 도주했다. 그가 마지막으로 일본 경찰에게 포위되면서 끝까지 항거했던 곳이 '후암로28바길 5' 일대로 전해진다. 그는 도주하다 종로구 효제동에서 다시 발각되어 일본 군경 1천여 명에게 포위당해 맞서다 결국 총알이 다 떨어지고 한 발만 남게 되자, 그 총알을 자신에게 향하게 하고 방아쇠를 당겨 최후를 맞이했다.

2018년 8월, 김상옥 의사 항거 터

6

최상의 환경을 가진 주거단지

옛 신세이다이 주택지

📍 후암동 358-20 일대

2017년 8월, 후암동 옛 신세이다이 주택지 일대 경관

경기도 고양군 한지면에 속해 있었던 이태원동과 한남동, 보광동 일대가 1936년 '대경성계획'으로 경성부에 편입되었다. 편입된 지역에 새로운 택지지구를 개발하고 지역과 지역을 연결하는 새로운 도로 확충이 시급한 숙제로 떠올랐다. '대경성계획'이라는 도시계획에 따른 도시 개조사업으로 인해 1938년에 '남산 주회도로'가 개통되었다. 지금의 '이태원로'의 시초가 된 것이다.

'남산 주회도로'와 연결되는 길은 또 하나 있었다. 1920년대 남산을 둘러볼 수 있는 '남산일주도로'가 계획되었고, 1962년부터 본격적인 정비 공사가 이뤄져 1969년 11월 개통된 도로가 오늘날의 '소월로'이다. 소월로를 중심으로 남산 중턱에는 외인아파트가 세워졌다. 이와 같은 도로의 개설과 주택단지가 형성되는 일은 1930년대 일제강점기에도 있었다.

지금의 소월로와 접하는 곳에 새로운 주택단지가 들어섬을 알리는 '주택 분양 팸플릿'이 등장했다. 이 팸플릿에서 가장 먼저 눈에 띄는 것이 '신세이다이 고등주택지'라는 주택단지 이름이다. 이 주택단지는 한강 조망이 잘 되고, 위생적인 환경을 가지고 있다고 설명되어 있다. 게다가 평편한 신설도로가 접해 있고, 조선신궁에 이르는 길을 따라가면 경성 중심에 해당하는 욱정(오늘날 회현동)과 남대문이 가까이 있음을 장점으로 내세운다. 게다가 경성제2고등학교와 용산중학교는 발 아래에 있고, 주택단지에 접한 남산은 큰 정원을 방불케 한다고 강조하고 있다. 이 주택단지 홍보자료에서 흥미로운 점은 '라듐' 함유가 풍부한 남산 약수터가 있어서 살기가 좋은 주거 단지라는 것이다. 이러한 입지와 좋은 환경을 가진 주택단지이니 다 팔리기 전에 재빨리 방문하기를 재촉한다. 조선신궁에서 남산 약수터로 가는 길목에 새로운 길이 났기 때문에 자동차로 자유롭게 올 수 있다는 내용도 있다. 종합해 보면, 100여 년 전이나 오늘날이나 주택 거래에 영향을 미치는 요소가 크게 다를 바 없어 보인다.

1936년 신세이다이 주택단지가 조성되었지만, 1930년대 후반부터 1940년대 제작된 지도에서는 주택단지의 흔적을 찾아보기가 어렵다. 당시 건축 잡지나 신문 기사에 의하면, 1949년 주택단지 근처에 삼영국민학교가 설립되었는데 1967년 후암국민학교로 개칭되었다. 해마다 증가하는 취학아동을 수용하기 위해 학교 증축도 허가했다. 이러한 환경적 변화와 학군에 따른 학생들의 통학권이 정해지자 신세이다이 주택단지에도 영향을 주었다고 한다. 1970년대부터는 신세이다이 주택단지의 주택들이 재건축이 되거나 새로운 주택으로 변모했는데, 이 과정에서 후암동 일대 옛 문화주택은 자취를 감추게 되었다.

⑦

내선일체와 황민화정책의 온상
옛 조선신궁

📍 후암동 30-84 한양도성유적전시관

- 1954년 3월, 옛 남산 조선신궁
- • 2021년 9월, 한양도성유적전시관

두텁바위로를 거쳐 소월로에 이르면 남산도서관이 눈앞에 펼쳐진다. 남산도서관 뒤로 지금은 2023년에 개관한 한양도성유적전시관이 위치하고 있다. 이 전시관은 2013년~2014년 발굴조사를 통해 드러난 한양도성 성벽 유적은 물론 조선신궁 배전 터(1925년)와 남산 분수대(1969년) 등 한양도성의 축성, 일제강점기 조선신궁 창건, 해방 이후의 유적의 수난, 발굴과 정비 과정 등 남산의 다양한 역사성을 한자리에서 이해할 수 있다.

일제는 식민지 조선에 관립 신사를 세우고 이 시설을 중심으로 하여 정신적·종교적 지배를 꾀했다. 일제는 1910년 한일강제 병합 후 각 지역에 관립 신사를 세우고 이전에 세워진 일본 거류민들의 민간 신사도 관공립화하도록 지원했다. 훗날 면 단위까지 신사를 둔다는 정책으로 해방 직전에는 전국에 신사가 1,400여 개에 이르게 되었다.

조선 전체를 대표할 '조선신사'는 마땅히 경성에 있어야 했기에 신사의 입지를 선정하기 위해서는 별도로 구체적인 논의가 필요했다. 조선총독부는 일본 동경의 메이지 신궁을 건축한 이토 주타(伊東忠太 1867~1954)에게 조선신궁 터를 살펴보고, 건축 계획을 수립하도록 했다. 이토 주타는 '조선신사' 즉, '조선신궁'이 세워질 자리는 제사를 올릴 수 있는 신성한 곳, 군중이 충분히 모일 수 있는 곳, 울창한 숲을 가진 곳, 고지대에 있으며 맑은 물이 흐르는 곳, 넓은 참배로를 확보할 수 있는 곳, 조망이 좋은 곳이어야 한다는 다양한 조건으로 내세우고 '조선신궁 터'를 찾았다. 그는 북악산, 사직단, 삼청동, 효창동, 왜성대, 한양공원 등을 살펴보고 난 뒤, '한양공원' 자리를 최종 낙점했다.

1919년 3·1운동이 일어나자 조선총독부는 조선인들을 조금 더 강하게 동화시켜야 할 필요성을 느껴 조선신사 건립을 서둘렀다. 일본 정부는 그해 7월 18일자 내각고시 제12호로 남산에 조선신사(朝鮮神社)란 이름으로 신사를 짓고, 사격은 관폐대사이며 제신은 일본 고유 종교 신토의 최고신인 '아마테라스'와 '메이지 천황'이라고 확정했다. 1920년 5월 27일 기공식이 열렸다. 총 공사비 156만 엔을 들여 총 면적 12만 7,900여 평, 경내 면적 7천 평을 정비한 뒤 신사 건물을 지었다. 일본 신사 건축 양식에 따라 정전, 배전, 신고, 참배소 등 15동의 건물을 배치하고, 돌계단과 참배로를 조성했다. 신토계는 모시는 신이 신격인 만큼 신사가 아니라 '신궁(神宮)'으로 격상해야 한다고 주장했다. 당시 일본 정부도 이런 주장을 납득하고는 1925년 6월 27일자 내각고시 제6호로 명칭을 '조선신궁'으로 바꾸었다. 조선신궁으로 개칭한 지 3개월이 지난 1925년 10월, 준공식을 갖고 한국인들에게도 참배를 강요했다. 그리고 소노이케 사네야스(園池実康) 장전차장(掌典次

長)이 칙사로서 이세 신궁으로부터 신체(神体)로 거울을, 황실로부터 메이지 천황이 패용하던 검을 받고 조선 경성에 도착했다. 내각이 정한 날짜에 맞추어 그달 15일, 조선신궁에서 진좌제(鎭座祭)를 거행했다. 진좌제는 신령이 내려와 신체에 깃들게 하는 제사를 말한다. 진좌제 당일에는 군대와 학생들을 동원하여 옷을 갖춰 입고 거창하게 소노이케 일행을 맞도록 했다. 또한 조선 전체 관공서와 학교는 특별휴일을 받았다.

1945년 8월 16일 조선신궁의 궁사 누카가 히로나오는 경성신사의 궁사와 함께 총독부 지방과장 혼다 다케오(本多武夫)와 협의하여 "한반도의 각 신사·신궁들은 저마다 신령을 돌려보내는 승신식(昇神式)을 거행하라"는 지시를 내렸다. 신령을 돌려보내고 남은 신체는 일본으로 가지고 가서 반납하거나 깨끗한 곳에 묻거나 또는 바다에 던져 한국인들의 손이 닿지 않는 곳에 처분하라고 일일이 지침을 내렸다.

누카가 궁사는 자신의 뜻대로 조선신궁 해체작업을 진행했다. 1945년 8월 16일 먼저 승신식을 거행하고, 하사품 '메이지 천황의 검'은 육군대위 센고쿠 마사후미(仙石正文)에게 맡겨서 밤에 비행기로 일본으로 돌려보내 황실에 반납했다. 8월 24일에는 조선신궁에서 경배의 대상이었던 신체를 비행기에 실어 궁내성(宮內省)으로 반납했다. 다른 보물, 제문(祭文), 도구 등은 19일 밤부터 25일 밤 사이에 모두 불태웠고, 9월 7일부터는 일본인들 손으로 건물을 해체했다. 해체 도중에 미군정이 작업 중지를 명령했지만, 군정장관을 설득하여 동의를 얻는 작업을 진행하여 10월 6일 신사의 시설들을 철거하고 7일에는 남은 시설을 소각함으로써 끝을 맺었다. 결국 조선신궁은 우리 손으로 해체하지 못했다.

1950년에 발발한 6·25전쟁은 1953년 7월 정전협정 체결로 일단락되었다. 정전협정 체결 직후 1956년 8월 15일 이승만 대통령의 동상이 남산에 등장한다. 이 동상은 1955년 '이승만 대통령 80회 탄신 축하 위원회(이기붕 위원장)'의 발의로 시작되었고, 그해 개천절인 10월 3일 기공해서 이듬해인 1956년 광복절에 맞춰 완공했다. 이날은 이승만이 대한민국 제3대 대통령으로 취임하는 날이었다. 높이가 약 24m에 달한 이승만 동상은 1960년 4·19혁명을 계기로 파고다공원에 있었던 이승만 동상과 함께 철거되었다. 이승만 동상이 철거된 그 자리에는 1969년 8월 23일 높이 약 6.2m의 백범 김구 동상이 세워져 지금까지 위치하고 있다.

- 1954년 3월, 조선신궁 상공에서 촬영한 항공사진
- • 1948년 1월, 조선신궁 일대에서 스키 타는 사람들

4

독립에 대한 간절한 염원
독립의지 산책

☑ 위치: 용산기지 서북측
☑ 소요거리: 3.5km
☑ 쿠스

① 이봉창 의사 역사울림관
② 효창공원
③ 숙명여자대학교
④ 식민지역사박물관
⑤ 신광여자중학교

어디에 있는 산이 용산일까? 그 답을 찾으려면 조선시대 때 만들어진 지도들을 꺼내봐야 한다. 지금의 남산이나 용산구청 일대에서 시선이 맴돈다면, 용산을 찾는 데 시간을 많이 써야 할 것이다. 조선시대 때의 용산은 인왕산에서 남쪽으로 뻗어내려오는 능선을 따라오면 금방 찾을 수 있다. 그 능선을 따라 우리나라의 대표 역사적 명소들이 자리잡고 있다. 조선시대 정조대에 왕실 묘역으로 조성된 '효창묘'는 일제강점기 때 효창공원으로 전락되었다가 이후 독립운동가들의 안식과 영면을 위한 공간으로 재조성되었다. 효창공원 일대에서 시작하여 여성 인재 육성의 산실이었던 숙명여자대학교, 독립운동과 민주 시민사회정신을 이어가는 식민지역사박물관을 걸어보자.

청파로

청파배다리터
표석

복개된
만초천
본류구간

③
숙명여자
대학교

④ 식민지
역사박물관

청파동
주민센터

청파로47길

청파로45길

반공투사위령탑

의열사

백범 김구 묘역   삼의사 묘역

② 효창공원

백범김구기념관

이봉창의사
동상   임정요인 묘역

⑤
신광여자
중·고등학교

효창운동장

선린중

선린인터넷
고등학교

남영역

효창동
주민센터

용산경찰서

① 이봉창 의사
역사울림관

옛 철도관사 단지

효창원로

효창공원앞역

백범로

삼각지고가차도

용문시장

원효로

미복개
만초천 본류구간
(옥천 고가차도 하부)

청파로

옥천고가차도

청파로 아래로 흐르고 있는

만초천

만초천 영상

📍 원효로3가 54-13 일대~한강로2가 15-10 일대

- 2017년 3월, 복개되지 않은 만초천 본류 구간(삼각지 욱천고가차도 아래)
- 2020년 3월, 원효대교 북단에 있는 만초천교

숙대입구역 8번 출구와 9번 출구 사이, 위로는 철도가 지나고 아래에는 사람들이 지나는 굴다리가 있다. 굴다리를 건너면 청파로인데, 이 청파로 아래에는 만초천이 흐르고 있다.

만초천은 인왕산 무악재 부근에서 시작되어 종로구와 중구, 서대문구를 거쳐 용산의 청파, 원효로를 따라 약 8km를 흘러 한강으로 내려가는 긴 하천이다. 하천을 따라 덩굴이 무성하다 하여 만초천(蔓草川)이라 부르며 덩굴내, 만천, 무악천이라고도 불렸다. 청계천이 도성 안 서쪽부터 동쪽으로 흘렀던 긴 하천이라면, 만초천은 한양도성 밖 북쪽에서 남쪽으로 흐르던 자연형 하천이었다.

조선시대 만초천은 한양도성과 도성 밖을 연결하는 교통의 통로이자 수운의 거점 역할을 했다. 또한 '만초천에서 게잡이를 하는 불빛(만천해화: 萬天蟹火)'은 용산팔경 중 하나였다. 만초천을 건너기 위해 오늘날 청파동 삼거리 일대에 주교(배다리) 또는 돌다리가 놓였다. 일제강점기에는 일본식 명칭인 욱천(旭川, 아사히카와)으로 바뀌었다가 1995년이 되어서야 '만초천(덩굴내)'이라는 우리 이름을 되찾았다.

만초천은 경부고속철도 선로와 나란히 놓여 있다. 해방 후 만초천은 1960년대 현재 욱천고가도로 하부의 일부 구간을 제외한 전 구간이 복개되어 하천 경관을 만날 수 없다. 복개도로에는 하루에도 수많은 차량이 지나고 있다. 청파 배다리 터는 서울역 앞의 한강대로에 있는 청파동 입구 교차로에서 이어진 도로와 청파로가 만나는 곳이며, 통일교 건물 앞 청파동 삼거리 한 편에 표석이 세워져 있다.

만초천은 평소에는 건천이어서 여름철이나 비가 많이 내려야 만초천 하류인 원효대교 북단에서 물줄기를 볼 수 있을 정도가 되었다. 청파로, 경부선과 지하철 1호선 철로 사이에 높게 서 있는 굴뚝이 하나 있다. 이것이 만초천의 물길이 있다는 것을 간접적으로 알 수 있는 구조물이다. 이는 만초천으로 흘러는 생활하수나 각종 물에서 발생한 가스가 여름철에 고온과 반응하여 폭발하는 것을 막아주는 가스 배출구인 것이다.

남영역에서 용산역 사이의 욱천고가차도 아래와 용산 미군기지 메인 포스트에 만초천 지류의 일부가 남아 있다. 원효대교 북단 한강과 만나는 지점에 만초천교가 있다. 지하로 통하는 어두컴컴한 공간은 으스스한 분위기가 감돈다. 마치 괴물이 나올 것 같은 느낌이다. 사실 이곳은 영화 '괴물'의 촬영지이기도 하다.

1911년 5월 발행된 경성용산시가도 일부(만초천 영역)

- 1972년 삼각지~용산전자상가 만초천 복개 현황
- • 1950년대 후반 용산 전자상가 일대

①
용산의 청년 독립운동가

이봉창 의사 역사울림관

📍 백범로 281-9

2020년 10월, 이봉창 의사 역사울림관

서울 용산구 효창동 백범로에 위치한 이봉창 의사 역사울림관이 2020년 10월 21일 개관했다. 이봉창 의사 역사울림관에서는 이봉창 의사의 삶과 독립운동 과정, 그리고 용산과 효창동을 살펴볼 수 있는 콘텐츠를 전시하고 있다.

이봉창은 1901년 8월, 서울 용산 원효로동에서 태어났는데 당시 용산은 용산역과 일본군 용산 병영이 세워지면서 일본인들이 많이 유입되던 지역이었다. 소년 이봉창은 가정 형편이 어려워 집에서 가까운 용산역에서 일을 시작했다. 그는 용산역에서 근무하는 조선인들이 일본인보다 상여금이나 승진에 있어서 차별 대우를 받는 데 불만을 느꼈다. 항일의식이 점점 커진 그는 1924년 9월 자택에 항일 단체인 금정청년회(錦町靑年會)를 조직했고, 1925년 그의 형 이범태(李範泰)와 같이 일본으로 건너갔다. 그런데 일본에서도 조선인이라는 이유로 차별을 겪는 일이 발생했다. 1928년 일왕의 즉위식 구경을 갔다가 한글 편지를 소지하고 있었다는 이유로 유치장에 구금된 것이다. 이러한 일들은 훗날 그가 독립운동가로서 활동하는 계기가 되었고, 1930년 중국 상해에서 김구가 만든 비밀 항일단체 '한국애국단'에 가입하게 된다.

한인애국단의 단원이 된 이봉창은 1931년 12월 13일 안중근의 막냇동생인 안공근의 집에서 양손에 수류탄을 들고 일본천황 폭살 선서식을 가졌다. 사흘 후인 12월 17일 일본 동경으로 떠났고, 1932년 1월 8일 일본 동경의 경시청 앞에서 일왕 히로히토 일행의 행차를 기다렸다가 수류탄을 던졌다. 수류탄은 일본 천황을 명중시키지 못했지만 독립에 대한 이봉창의 의지로 1930년대 침체에 빠져 있던 독립운동가와 상하이 임시정부 요인들은 전환기를 맞았다.

이봉창이 백범 김구를 만나 한 말은 아직도 큰 울림을 갖게 한다.

"선생님, 제 나이 이제 서른 하나입니다. 앞으로 서른 한 해를 더 산다 해도 지금보다 더 나은 재미가 없을 것입니다. 인생의 목적이 쾌락이라면 지난 31년 동안 쾌락이란 것을 모두 맛보았습니다. 이제부터 영원한 쾌락을 위해 목숨을 바칠 각오로 상하이로 온 것입니다. 저로 하여금 세상을 깜짝 놀라게 할 성업(聖業)을 완수하게 해주십시오."

옛 효창동 철도관사

 효창동 5-2번지 일대

2018년 5월, 옛 효창동 철도관사 단지

효창공원앞역에서 효창운동장 방향으로 향하는 길목에 '효창동 5-2번지' 일대가 보이면 잠시 발걸음을 멈춰야 한다. 특별한 볼거리나 이야기가 없어 보이지만 이 일대의 도시 가로망을 보면 새롭게 보이는 것이 있다. '효창동 5-2번지' 주변 지역은 길이 구불구불하거나 필지들의 크기가 다양하게 나타나는 반면, '효창동 5-2번지' 일대는 바둑판 모양의 가로망에 규모가 비슷한 필지가 나란히 배치되어 있다. 이곳은 일제강점기에 지어진 철도관사 지역으로 그 흔적이 남아 있는 것이다. 용산역 주변도 아닌 효창동 일대에 철도관사가 형성된 까닭은 무엇일까.

1925년 을축년 대홍수가 일어나 용산역 일대 철도 관사촌이 큰 피해를 입었다. 그중 저지대에 있었던 2백여 채 관사는 더 이상 존속하기 어렵게 되자 조선총독부 철도국은 용산역에서 가까운 효창원 근처를 물색했고, 이왕가에게 받은 땅에 '금정 (효창동) 관사 단지'를 조성했다. 1926년부터 1928년까지 2층 규모의 연립형 구조인 6, 7, 8등 관사를 지었다. 관사 외관에는 스타고(Stucco) 마감으로 매끄럽게 했고, 지붕은 기와와 석면 슬레이트로 올렸다. 금정 철도관사는 공동 목욕장도 마련하여 주민들과 함께 사용하는 시설로 사용한 것으로 전해진다. 현재 옛 철도관사와 공용시설은 모두 소실되었다.

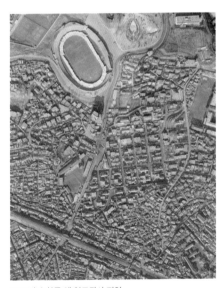

1972년 효창동 옛 철도관사 지역

②

독립운동 정신의 계승

효창공원

📍 효창원로 177-18 일대

2017년 10월, 효창공원 입구

효창동에서 독립운동가의 발자취를 함께 볼 수 있는 대표적인 공간은 바로 효창공원이다. 효창공원의 본래의 이름은 효창원으로, 현재 효창동의 명칭도 이 효창원에서 유래되었다. 1786년 정조의 아들인 문효세자가 서거하면서 이곳에 효창묘라는 이름으로 조성되었고, 고종 때 효창원으로 승격되었다. 효창원은 조선시대 정조의 아들인 문효세자와 그의 어머니 의빈 성씨, 그리고 영온옹주와 어머니인 숙의 박씨 등 왕실 가족들의 묘가 있던 왕실 묘역이었다. 거둥고개, 하마비동 등도 효창원과 연관이 있는 지명이다.

왕실의 묘역이던 효창원을 일제는 청일전쟁의 군사 주둔지로 사용했으며, 왕실 가족들의 묘를 서삼릉으로 이전시키고 골프장과 유원지로 조성했다. 광복 이후에는 김구 선생에 의해 독립운동가의 묘역으로 변화하게 되었다. 이후 효창공원은 독립운동 동상과 상징물이 설치되어 사람들에게 휴식처를 제공하고 독립운동 정신을 기릴 수 있는 공간이 되었다.

백범 김구 묘역은 효창공원의 창렬문 밖에서 담벼락을 오른편에 두고 언덕을 따라 올라가야 마주할 수 있다. 백범 김구 묘역에 당도하기 전, 이봉창 의사 동상을 먼저 볼 수 있다. 이 동상은 이봉창 의사의 의거 당시 모습을 묘사한 것이다. 동상 옆에 함께 있는 선서문 비석에는 조국의 독립과 자유를 위해 한인애국단이 되어 일본의 수괴 도륙을 맹세하는 내용이 새겨져 있다. 일제에 대항하는 그의 의지가 얼마나 강했는지 느낄 수 있다.

이봉창 의사 동상에서 담벼락을 따라 언덕길을 올라가면 백범 김구 묘역을 볼 수 있다. 백범 김구 선생은 앞서 설명한 이봉창 의사의 의거에도 큰 도움을 준 독립운동가이기도 하다. 그는 대한민국 임시정부에서 독립운동을 전개했을 뿐 아니라 한인애국단을 조직하여 의열투쟁을 주도했다. 그의 호인 '백범'도 백정에서부터 범부까지 애국심을 갖게 하자는 의지를 담아 지은 것이라고 한다.

백범 김구 선생은 광복 이후 일제강점기 일본군이 훼손시킨 효창공원에 독립운동가의 유해를 안장하는 데 앞장섰다. 1946년과 1948년에 각각 삼의사 묘역과 임시정부 요인 묘역을 조성했다. 이후 1949년 백범 김구 선생도 이곳에 안장되었으며, 1924년 중국 상해 땅에서 서거한 김구 선생의 아내 최준례 여사도 1999년 이곳에 합장되어 안식을 취하고 있다.

효창공원에 안장된 독립운동가의 영정을 모신 의열사를 지나 효창공원 안쪽으로 들어가다 보면 삼의사 묘역을 만날 수 있다. 현재 삼의사 묘역이 있는 장소는 과거 문효세자의 묘가 있던 자리다. 이곳에는 이봉창, 윤봉길, 백정기 의사의 묘역과 안중근 의사의 가묘가 있다. 이들은 모두 무력을 통한 독립운동을 하다 순국했기 때

- 2017년 10월, 이봉창 의사 동상
- • 2020년 5월, 백범 김구 묘역

문에 '의사'라고 지칭한다. 그러나 어째서 '삼'의사 묘역인 것일까? 그 이유는 안중근 의사의 유해를 아직 찾지 못했기 때문이다. 삼의사 묘역을 사의사 묘역으로 조성할 수 있는 날이 오기를 바란다.

삼의사 묘역에 묘가 있는 네 분의 대표적인 의열투쟁을 살펴보자면 안중근 의사는 1909년 하얼빈에서 이토 히로부미를 총으로 처단했고, 이봉창 의사는 1932년 도쿄에서 일왕을 향해 폭탄을 던졌다. 뒤이어 1932년 윤봉길 의사는 상해에서 일본의 전쟁 승리기념식에서 폭탄을 던졌고, 백정기 의사는 상해 육삼정에서 일본 요인을 처단하려 했다. 젊은 나이에 독립운동을 전개하고 사형장에서 생을 마감한 그들의 독립의지를 돌아볼 수 있는 곳이다.

삼의사 묘역에서 나와 걸어가다 보면 임시정부 요인 묘역을 볼 수 있다. 이곳에는 임시정부에서 활동했던 이동녕, 조성환, 차리석 선생이 안장되어 있다. 이들은 모두 독립운동 비밀결사단체인 신민회에서 활동했다. 나라를 잃었다는 슬픔에 그치지 않고 타국에서 독립운동을 전개해나간 것이다. 이동녕 선생은 임시정부의 국무총리, 주석으로 활동했고, 조성환 선생은 임시정부의 군무부차장으로 활동했을 뿐만 아니라 후에 북로군정서의 군사부장으로서 군사훈련에 힘써 청산리 전투를 승리로 이끄는 데 기여했다. 차리석 선생은 만세운동에도 참여였으며, 임시정부의 비서장, 독립신문사의 기자로도 활동했다. 임시정부 요인 묘역에는 차리석 선생의 아내인 강리성 여사도 1961년 합장되어 있다.

이렇듯 순국선열들의 묘역이었던 효창공원은 1960년대부터 안타깝게도 그 의미가 흐려지게 된다. 효창공원의 일부가 효창운동장이 되었고, 1969년에는 북한 반공투사 위령탑이 세워지고, 원효대사 동상 등이 들어선 것이다.

삼의사 묘역과 백범 김구 묘역을 지나 언덕길을 올라가면 북한 반공투사 위령탑을 볼 수 있다. 북한 반공투사 위령탑은 6·25전쟁 당시 평양 수복 기념날인 10월 19일에 함경남도의 반공투사를 기리기 위해 세운 것이다. 이곳에 북한 반공투사 위령탑이 세워진 이유는 찾기 어렵고, 위령탑의 의미도 효창공원과는 크게 관련이 없어 보인다.

효창공원은 현재 시민들의 휴식처이자 조선시대의 역사와 독립운동가들의 삶을 생각해볼 수 있는 공간이다. 효창공원처럼 용산공원도 다양한 이야기를 풀어낼 수 있을 거라 기대해 본다.

- 2017년 5월, 의열사
- • 2018년 10월, 삼의사 묘역

- 2020년 5월, 임시정부 요인 묘역
- 2018년 10월, 효창공원 입구 일대 전경

우리나라 여성 인재 육성의 선구자

숙명여자대학교

📍 청파로47길 100 일대

2024년 2월, 숙명여자대학교 전경

효창공원에서 나와 청파동으로 걸어가다 보면 명신여학교에 뿌리를 두고 있는 1938년에 설립된 숙명여자대학교를 만나게 된다. 명신여학교는 애국계몽운동이 전개되었던 1906년 고종의 후궁인 순헌황귀비가 여성 인재 양성에 뜻을 두고 설립 자금을 지원하여 세워진 학교이다. 명신여학교는 이후 숙명여학교, 숙명여자고등보통학교, 숙명고등여학교 등으로 교명이 변경되었고 재단법인인 숙명학원이 설립되었다. 숙명여자대학교는 '숙명여전 설립 모금운동'을 통해 세워진 숙명여자전문학교를 전신으로 두고 있다.

단재 신채호의 아내이자 간호사들의 독립운동단체인 간우회를 설립하여 독립운동을 한 박자혜 선생이 이 학교를 다녔다. 명신여학교 학생들은 만세운동에 참여하거나, 1910년 경술국치 이후 강해진 일본화 교육에 맞서 동맹휴학을 진행하기도 했다.

1972년 숙명여자대학교 캠퍼스

자주독립과 민주주의 정신
식민지역사박물관

📍 청파로47다길 27, 1층

2024년 2월, 식민지역사박물관

숙명여자대학교에서 청파로로 향하는 길목에는 식민지역사박물관이 있다. 식민지역사박물관은 시민들이 박물관을 만드는 데 모금을 하고, 또 유물을 기증하기도 한 곳이다. 그런데 이 식민지역사박물관 앞에는 특이한 것이 있다.

식민지역사박물관에 들어가기 위해 계단을 올라 정문을 바라보면 왼편에 표석이 놓여 있다. 바로 '반민특위 터' 표석이다. '반민특위(반민족행위특별조사위원회)'는 일제강점기 친일파들의 민족 반역 행위를 조사하고 처벌하기 위해 1948년 제헌 국회에 설치되었던 특별기구이다. 그런데 이 표석이 왜 여기에 있는 것일까? 대부분은 반민특위 표석이 여기에 놓여 있기에 이곳에 반민특위가 있었던 것으로 착각하기 쉽다.

그러나 그 표석 옆에 있는 팻말을 보면 이곳에 반민특위 터 표석이 있는 이유를 알 수 있다. 사실 이 표석은 본래 시민들이 돈을 모아 1999년 당시 국민은행 본점 자리인 옛 반민특위 터에 세웠던 기념석인데, 그곳이 신축공사를 하면서 이곳으로 옮겨지게 된 것이다. 이곳에 반민특위 터 표석과 식민지역사박물관이 세워진 데에는 역사를 기억하려는 시민들의 노력이 중요한 역할을 했다.

2024년 2월, 식민지역사박물관

옛 경성연합군 포로수용소
신광여자중학교

📍 청파로 263

2020년 8월, 신광여자중학교

청파로의 숙명여대입구 교차로와 남영역 교차로를 연결하는 지점의 중앙에 위치한 학교를 주목해야 한다. 학교 이름은 현재 신광여자중학교이다. 지금은 신광여자중학교와 신광여자고등학교가 함께 자리하고 있는데, 과거 일제강점기에 이곳은 태평양전쟁의 연합군 포로들이 수용되었던 경성연합군 포로수용소 터였다. 정식 명칭은 조선부로수용소(朝鮮浮虜收容所)였다. '부로'라는 말은 조금 생소할 수 있는데, '사로잡은 적' 즉, '포로'라는 뜻이다.

1942년 7월에 개설한 이 수용소는 일제가 1942년 2월에 싱가포르를 함락하게 되면서 포로로 잡은 수많은 연합군 병력을 수용할 만한 공간이 필요하여 설치했다. 그런데 보통 포로수용소는 도시지역에서 멀리 벗어난 곳에 설치하여 접근과 도주가 어렵도록 하는데 왜 경성연합군 포로수용소는 조선 경성, 그중에서도 신용산과 남영동, 효창동에 가까운 이곳을 선택했을까. 그것은 바로 조선인들에게 일본제국의 우월성을 과시하기 위함이었다고 한다.

경성연합군 포로수용소 터에는 원래 방직공장인 이와무라(岩村) 제사소(製絲所)로 사용하던 건물이 있었다. 기존의 건물을 포로수용소로 재활용했던 것은 새로운 건물을 지어야 하는 번거로움도 있었겠지만 1940년대 아시아·태평양전쟁 등으로 인한 경제적 어려움 때문이었다고 볼 수 있다.

연합군 포로 중 호주군이 남긴 기록으로 당시 포로들이 수용되었던 공간과 시설, 수용소 내부 모습을 상상해 볼 수 있다.

1972년
왼쪽 상단에는 신광여자중·고등학교,
우측 아래에는 옛 조선육군창고 부지

5

해방과 미군시대
시대전환 산책

해방 직후의 사람들 모습은 어땠을까. 그리고 어떤 공간에 살았으며, 그 앞선 시기였던 일제강점기 때 남겨진 건물과 공간은 어떻게 하나둘 변화해 왔을까. 이러한 의문을 품고 떠나는 발걸음이 바로 '시대전환 산책' 코스다. 1945년부터 1950년 사이 정말 중요한 순간을 꼽으라면 대한민국의 큰 물줄기가 시작된 1948년 8월 대한민국 정부 수립이다. 그런데 2년도 채 지나지 않아 6·25전쟁이라는 큰 위기와 시련 속에 빠지게 되었고, 그 이후 주한미군이 주둔하게 되는 서울 용산에는 큰 변화들이 생겨나기 시작했다. 전쟁으로 파괴된 도시를 재건하고, 미군들이 사용하던 물품이 거래되면서 용산 미군기지 사람들과의 교류가 생겨나기 시작했고, 도시의 문화에도 영향을 미쳤다.

용산은 미군이라는 외국 군대만 있었던 곳이 아니라 귀신 잡는 군대로 명성이 자자한 '대한민국 해병대'의 출발지이기도 하다.

후암로28길

후암로

남산3호터널

청파로

한강대로

소월로

삼광초

서울시 교육청
(2025년 예정)

남영동
주민센터

두텁바위로

용산중

복개된 만초천
지류구간
(후암천)

용산고

숭실학교 터

신흥시장

스테이크골목
❺

숙대입구역

G18

남영아케이드

미 대사관 부지
(예정)

해병대사령부
본관

해병대
초대교회

해방교회

보성여고

해방촌
❸

신흥로

녹사평대로

해병대
기념관

❹
해병대사령부
부지

남영역

남영동
대공분실 터

G20

메 인 포 스 트

G17

캠프킴
부지
❻

아메리칸센터
코리아

미8군도로

해방촌
입구

G16

복개된
만초천
지류구간
(이태원천)

미1군단도로

미복개 만초천 지류구간

G21

❷
21번
게이트

❽
삼각지
화랑거리

전쟁기념관
❼

삼각지역 G15

G2

이태원로

G3

❶
녹사평역

G1

G4

녹사평역

마군기지
고가도로

사 우 스 포 스 트

G5

제 헤 라 도

국방부

①

용산 미군기지와 맞닿은

녹사평역

녹사평 용산공원 플랫폼 영상

📍 용산동4가 1-1

- 2020년 7월, 녹사평역
- •• 2020년 7월, 녹사평 용산공원 플랫폼

지하철 6호선 녹사평역은 용산 미군기지와 맞닿아 있는 지하철역이다. 미래의 용산공원과 가장 가까울 지하철역이기도 하다.

서울시는 1992년 11월 지명위원회를 열고 지하철 6호선과 7호선의 지하철역 이름을 확정했다. 이날 대부분 역명은 원안대로 통과되었는데, 4건은 개칭했다. '불광공원'은 '독바위골'로, '신수'는 '서강'으로, '북한남'은 '한강진'으로, '용산공원'은 '녹사평'으로 변경되었다. 미8군 이전과 용산공원 조성이 1990년 초부터 원활히 진행될 것 같았지만, 미군기지 이전을 두고 한·미간 협상이 결렬되면서 장기 과제로 미뤄지게 되었다. 이러한 사회적 여건 변화는 '용산공원역'으로 신설 예정이었던 곳의 역명을 '녹사평역'으로 변경해야 했다.

그로부터 5년이 지난 1997년 7월 11일, 서울시 신청사 건립 자문위원회가 '서울시 신청사 부지'를 용산으로 정했다고 발표하면서 녹사평역이 서울시 신청사 지하철역으로 기능할 가능성이 높아졌다. 위원회에서 용산을 지칭한 곳은 용산 미군기지 사우스포스트의 옛 일본군 위수감옥 일대 5만 평이었다. 국방부와 외교부 등 정부 부처와 협의하며 신청사 부지로 확보하고자 했으나 결국 위원회의 결정대로 이루어지지 못하고, 2012년 서울도서관 뒤에 서울시 신청사가 준공되었다.

최근 5년 사이에 녹사평역 환경이 크게 개선되었다. 2019년부터 2020년까지 녹사평역은 과거 이 일대가 푸른 초록빛으로 펼쳐진 지역이자 훗날 용산공원에서 가장 가까운 지하철역이 될 것이라는 두 개념 아래 재조성 되었다. 2019년에는 서울시 문화본부에서 '서울시 지하예술정원역'으로, 2020년에는 도시계획국에서 '녹사평 용산공원 플랫폼'으로 리모델링하여 녹사평역을 자연친화적인 녹지공간으로 탈바꿈시켰다. 서울시는 2019년 4월부터 녹사평역을 '용산기지 주변지역 워킹투어'의 출발점으로 활용하면서 용산공원 시민소통 확대 공간으로 조성·운영해 오고 있다.

②

해방촌 입구에 위치한
용산기지 21번 게이트

📍 용산동2가 5

2020년 1월, 용산기지 21번 게이트

용산 미군기지에는 총 21개의 출입구가 있는데 담벼락을 따라 걷다 보면 가장 마지막 번호가 붙여진 21번 게이트를 만난다. 이곳의 이름이 '프렌드십 하우스 게이트(Friendship House Gate)'인 이유는 이 출입구를 통해 들어가면 우정회관이 있기 때문이다. 이 출입구 안쪽에는 미군기지 내에서도 가장 중요한 시설 중 하나인 한미연합군사령부와 서울시 내에서는 대부분 복개되어 보기 힘든 만초천 지류가 남아 있다. 만초천 지류가 경리단길 부근에서 용산기지 내부를 통과하기 때문이다. 용산기지 내에 약 300m 구간이 유일하게 만초천 물줄기를 확인할 수 있는 곳이다.

만초천과 만초천 유역은 근대사에서 큰 지형 변화를 겪었다. 경인선 개통, 남대문역 확장공사를 비롯한 용산 일대에 빈번했던 홍수를 막기 위한 제방 건설, 하수도 정비사업, 일본군 군사기지화 등이 이루어지면서 자연 곡류의 형태였던 만초천은 직선화 형태로 변했다. 비록 직강화된 모습이지만 현재 만초천에 남아 있는 무지개 모양의 홍예교와 석축을 보면 옛 만초천 물길을 상상해볼 수 있다. 용산기지 메인포스트에 남아 있는 만초천 지류(이태원천)는 옛 용산의 자연환경과 생태를 알수 있는 소중한 경관자산이다.

2020년 10월, 용산 미군기지 한미연합군사령부 청사 뒤 만초천 지류(이태원천)

피난민의 터전

해방촌

📍 소월로20길 일대

2020년 9월, 이태원 부군당에서 바라본 해방촌 전경

1948년 8월 15일은 대한민국 정부가 수립된 날이다. 새 정부가 수립되자 정부에서는 국유림을 주택 대지로 대부하여 국민들의 안정적인 주거지 마련을 위한 조치를 했다. 대표적인 사례가 서울 용산구 용산2가동의 경성호국신사 터 일대인 전재(戰災)동포 집단촌, 속칭 '해방촌'이다. 해방촌에는 해방 직후 북쪽에서 남하한 동포들이 무허가 주택을 지어 살고 있었다. 서울시는 경찰과 무허가 주택 주거자 사이에서 일어나는 잦은 갈등에 대한 해결 방안을 찾고 있었는데, 정부 부처인 농림부가 3,500여 세대 주택 부지를 정식 대부로 허가하면서 해방촌 주민들의 주거 불안을 해소시켰다.

6·25전쟁 이후에도 남산 아래 일대에 월남민과 피난민들이 모여들었다. 해방촌을 가득 메웠던 '하꼬방(나무판자를 더덕더덕 붙여서 만든 상자 모양의 집)'은 전쟁으로 피폐해진 삶을 단적으로 보여준다. 당시 '하꼬방'은 전후파 주택이라 하여 '부록크(콘크리트 블록)집'보다 못한 주택으로 평가되었다.

불도저 시장으로 널리 알려진 김현옥 서울시장은 1967년 4월, 서울 곳곳에 흩어져 있는 무허가 주택을 모두 양성화한다는 방침을 세웠다. 서울시는 주택난을 겪고 있어 이를 해결하기 위해 하천, 도로 부지, 공원용지, 산기슭 등에 지어져 있는 무허가 주택의 개량화 방안을 수립한 것이다. 이때 주택 개량 후 양성화될 지구에 '해방촌'이 포함되었다.

1970년대 말, 서울시가 용산2가동을 대상으로 '불량주택 재개발사업' 추진을 시도했다. 1979년 초, 서울시는 국유지 약 2만 4천 여평과 사유지 3만 3천 여평을 '용산 제1지구'로 묶어 15~21평 아파트 32동, 15~30평형 연립주택 33동, 단독주택 59동을 지어 주민들을 정착시키겠다는 계획을 검토하고 있었다. 해방촌 1천여 가구 주민들이 일제히 아파트 건립 계획을 취소하고 주민들이 원하는 단독 연립주택을 짓게 해달라고 호소했다. 1970년대까지만 하더라도 해방촌 주민들은 가내공업으로 생계를 이어가고 있는 영세민들이어서 아파트를 분양받기는 어려운 형편이었기 때문에 생업도 이어가면서 살아갈 수 있는 27평 이상의 단독주택 또는 27평 이하의 연립주택을 원했던 것이다.

해방촌은 약 2015년부터 2021년까지 도시재생사업을 통해 노후화된 주택들을 개조하고 신흥시장 리모델링을 추진했다. 2024년 지금의 해방촌은 더 이상 '하꼬방 동네'가 아닌 '남산 아래 첫 마을'이란 수식어를 가졌고, 다양한 세대와 국적의 관광객들이 찾는 명소가 되었다.

2017년 5월, 신흥시장의 일상

2021년 4월, 해방촌 신흥시장 개선사업 공사 모습

용산 미군기지 안의 한국부대
해병대사령부 부지

📍두텁바위로 54-99

● 해병대사령부 본관
●●2020년 1월, 해병대사령부 본관

국토교통부는 2020년 12월, 용산공원 조성구역 경계를 확장하는 고시문을 발표했다. 용산 미군기지 북측에 접하고 있는 옛 방위사업청 부지와 군인아파트 부지(옛 해병대사령부 부지) 일대 11만 7천㎡ 모두가 용산공원으로 조성될 구역이 된 것이다. 이는 서울 남산과 용산 미군기지 사이의 공간을 공원 부지로 더욱 긴밀하게 연결시킬 수 있는 계기가 되었다.

 옛 방위사업청 부지와 군인아파트 부지는 원래 해병대사령부 본부가 사용했던 부지였다. 서울 용산에 외국 군대만 주둔했다는 인식이 팽배한데, 6·25전쟁 이후 대한민국 국군 중에 해병대사령부가 주한미군과 함께 국방과 안보를 지켜왔다는 사실도 새롭게 인지해야 할 부분이다.

 1953년 7월, 정전협정이 체결되고 정부가 서울로 환도하는 과정에서 대한민국 국방부가 용산 후암동에 자리를 잡았다. 당시 용산에는 주한미군기지, 즉 미8군 사령부가 있었다. 전쟁 후 피폐해진 국내 상황 속에서 미국의 군사원조와 협력을 위한 위치였던 것이다. 1955년에는 대구에 있던 대한민국 육군본부도 용산으로 이전했는데 그 위치가 지금의 전쟁기념관 자리다. 그 뒤 부산 중구 용두산 일대에 있었던 해병대사령부도 용산으로 이전했다. 용산의 해병대사령부 부지 내에는 미 해병대 군사고문단이 위치하여 대한민국 해병대는 미군의 지원도 받았다.

 옛 방위사업청 부지 중심에는 해병대사령부 본관 건물이 옛 모습을 고스란히 간직하고 있다. 용산의 해병대사령부 부지는 농림부에게 제공받았고, 각종 건물의 공사비는 정부가 제공해주었는데 그 뒤에는 이승만 대통령의 지원이 있었다. 해병대사령부는 1949년 4월 15일, 진해 덕산 비행장에서 창설한 후 통영상륙작전, 도솔산지구작전, 인천상륙작전까지 수많은 6·25전쟁의 전장을 거치면서 임시 건물에 머물다가 1956년이 되어서야 용산에 처음으로 영구 건물을 세웠다. 이 건물은 정문을 기준으로 좌측(서측) 부분이 지하 1층과 지상 1층으로 이루어져 있고, 우측(동측) 부분은 지상 1, 2층으로 구성되어 있다. 또한 건물은 가운데에 뜰이 있는 중정식 건물로 원형 그대로 보존이 잘 되어 있다. 건립 70여 년의 역사를 가진 이 건물은 역사적·건축사적으로도 가치가 높게 평가되고 있다.

 해병대사령부의 용산 시대는 20년도 채우지 못하고 1973년 해체되고, 해군에 통합되었다. 이렇게 되자 해병대사령부 본부 건물은 국방부 조달본부가 이어받아 사용하게 된 것이다. 2006년부터는 국방부 조달본부의 기능이 확대되어 방위사업청으로 승격되면서 방위사업청이 사용했고, 2017년 과천으로 이전하게 되면서 비어 있게 되었다.

 본관 건물을 나와 해병대사령부 초대교회와 옛 해병대사령부 본관 사이 언덕 아래에는 지하 방공호가 있다. 이 방공호는 옛 해병대사령부 본관의 역사와 함께했는데 연면적 780㎡, 약 200m 길이로 연결되어 있다. 내부에는 작전회의실과 취사실 등으로 활용 가능한 공간들로 구성되어 있고, 군사 상황 발생 시 작전 대피소로 활용하고 있다. 국내에는 방공호를 활용한 역사교육 장소, 관광지가 이미 여러 개 있다. 이들 대부분은 일제강점기에 일본이 전쟁을 준비하면서 만든 방공호다. 우리 군이 군사작전 수행 목적으로 만들고 실제 사용했던 방공호는 찾아보기 힘든데, 이 공간 또한 용산공원 속에서 다양한 활용 가능성을 둔다면 존치하여 보존·관리해야 할 대상이 될 수 있다.

옛 해병대사령부 부지 남서쪽으로 언덕을 따라 발걸음을 옮기면 해병대기념관이 나온다. 해병대기념관은 국가 발전에 기여한 해병대의 역사와 전통을 보전하라는 박정희 대통령 지시에 따라 지어진 공간이다. 박정희 대통령의 지원금 약 2천만 원과 베트남 참전용사 모금 약 2천4백만 원으로 건립하여 1975년 개관했다. 이 기념관에는 해병대 창설부터 6·25전쟁, 베트남전쟁 등에 참전한 해병대 역사를 볼 수 있는 약 1천여 개가 넘는 유물들이 전시되어 있다. 해병대기념관 앞뜰에는 해병대의 명예를 드높인 주요 전투인 7대 작전을 기념하기 위해 만들어진 비석이 있다.

이제는 용산공원의 일부가 된 옛 해병대사령부 부지 내 군인아파트가 위치한 곳은 남산의 녹지를 가장 가까운 곳으로 연결할 수 있는 곳이며, 해방촌 지역에서 가장 지대가 높은 곳이다. 군인아파트 부지에서는 1949년에 창설된 해병대사령부의 역사가 서려 있는 '해병대사령부 초대교회'를 만날 수 있다. 해병대사령부 초대교회는 1951년 6·25전쟁 중 창립되었다. 해병대사령부의 최초 교회로서 군종사적 가치가 있는 것으로 평가받는다.

'장막교회', '퀀셋교회' 등 임시 건물로 운영되던 해병대사령부 초대교회는 용산에 해병대사령부 부지가 확보되면서 1959년 현재 위치에 세워졌다. 1973년 해병대사령부가 해체되면서 해병대사령부 초대교회 또한 군종교회로서 기능을 상실한 채 오랫동안 수도방위사령부 창고 등 다른 용도로 사용되었다. 그러던 2001년 한국기독해병선교회에서 다시 발견하여 기념비를 세우고 복원에 나섰고, 2003년 해병대 창설 54주년을 기념하여 훼손되고 변형된 교회 건물을 중수하여 예배당으로 사용하기 시작했다. 이 시기엔 '방패교회'로 불렸으나 2005년에 이르러 '해병대사령부 초대교회'라는 명칭을 회복했다. 이곳은 2017년 그 가치를 인정받아 국가등록문화유산 제674호로 지정·관리되고 있다.

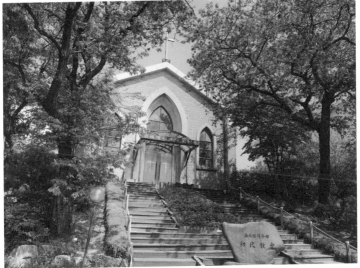

- 2020년 6월, 해병대사령부 기념관
- •• 2017년 5월, 오늘날 군인아파트 부지 내에 위치하고 있는 해병대사령부 초대교회

미군부대의 영향을 받은 길거리 문화
스테이크 골목

📍 남영동 28-10 일대

2018년 10월, 남영동 스테이크 가게

용산 남영동 스테이크 골목은 서울 지하철 1호선 남영역 또는 지하철 4호선 숙대입구역을 이용한다면 쉽게 찾아갈 수 있다. 지금은 용산 남영동 먹자골목으로도 불리고 있고, 용산역 앞 용리단길이라 불리는 골목과 함께 많은 사람들이 찾는 음식점과 카페 등이 생겨난 곳이다.

　이 일대는 일제강점기에 '연병정'이라는 지명을 사용했고, 광복 이후부터 '남영동'이라는 행정동명이 사용되고 있다. 연병정 한가운데 생겨났던 것이 '용산 남영동 공설시장'이었다. 이 공설시장은 시간이 흘러 '남영 아케이드'라는 간판이 붙어서 오늘에 이르게 되었다. 일제강점기 이 시장이 생겨나게 된 배경은 제1차 세계대전 이후 물가가 계속 치솟자 생활필수품의 안정된 공급을 위해서였다. 1922년 10월 12일 일본 거류민들을 위해 조선의 전통시장과 구분되는 새로운 시설의 시장을 세웠던 것이다. 해방 후에도 30여 개 상점이 들어설 정도로 성황을 이루었다가 현재는 100년에 가까운 세월을 버텨온 건물의 지붕과 그 형태만이 남아 있다.

　남영 아케이드 건물 일대의 필지들은 모두 직사각형 형태를 가지고 있는데, 이것은 일제강점기에 조성된 필지 그대로의 모습이다. 이곳에 6·25전쟁 이후 용산에 주둔하게 된 미군부대의 영향을 받아 의정부 부대찌개 골목처럼 '남영동 스테이크 골목'이 형성되었다. 스테이크 가게의 주요 메뉴는 T본 스테이크다. 1960년대에는 버터와 소시지, 베이컨을 구워서 나오는 정도였는데 차차 세월이 흐르면서 각종 햄과 양파와 버섯이 스테이크 고기와 함께 불판 위에서 구워져 나오면서 '한국 남영동식 스테이크'가 탄생하게 된 것이다.

　남영동 스테이크 골목에는 옛 명성을 이어가고 있는 가게도 이제 몇 안 남았다. 앞으로 이 일대는 서울특별시교육청, 주한미국대사관이 이전해오고, 용산공원의 조성과 함께 개발 계획이 진행될 예정이다.

1948년 9월, 미7보병사단 포병대 연병장을 중심으로 한 주변 도시지역(후암동, 남영동) 항공사진

• 2017년 4월, 남영아케이드 입구
•• 2016년 9월, 남영 아케이드 후면

경부선 철도와 캠프킴 영상

⑥

미군의 출입기지

캠프킴 부지

📍 한강로1가 1-1

• 옛 조선육군창고
•• 2018년 8월, 캠프킴 부지 내 USO 전경

남영삼거리에서 삼각지로 향하다 보면, 높은 철제 가림막이 세워져 있다. 용산 한강대로와 경부선 철도 사이에 있는 '캠프킴(Camp Kim)' 부지이다. 이곳도 미군기지였으나 지금은 모든 시설을 철거하고 환경정화사업을 하고 있다. 예전에는 콘크리트 블록으로 쌓인 담장이 길게 이어졌고, 그 담장에는 '미군용시설 무단출입금지'라는 팻말이 붙어 있었다.

6·25전쟁 이후 종로, 동대문, 용산, 영등포, 남산 등 서울 곳곳에 미군이 사용하고 있는 땅이 흩어져 있었다. 2007년 7월에 제정된 '용산공원 조성 특별법'에 의해 용산 미군기지와 격리되어 주변에 흩어져 있는 부지를 '주변 산재부지'라고 명명했다. 산재부지 3곳 중 하나인 캠프킴은 복합시설조성지구로 지정되었으며, 2020년 한국 정부로 반환되었다.

원래 이곳은 일제강점기 때 일본군을 위한 조선육군창고와 청사 사무실이 있던 곳이었다. 대형창고 건물에는 군대의 식량과 말먹이로 사용되는 마초, 피복, 위생 및 수의 재료 등이 저장되어 있었고, 그 창고 건물과 용산역을 잇는 철길이 있었다. 인근에 위치했던 경성연합군 포로수용소의 포로들이 이곳에서 강제 노역을 하기도 했다.

해방 이후 이곳은 미군들이 임시로 사용하다가 6·25전쟁 이후 미군에게 정식으로 공여되면서 '캠프킴(Camp Kim)'이라는 이름으로 불리기 시작했다. 캠프킴 부지에는 미군을 위한 USO나 한국노무단(The Korean Service Corps Battalion, KSC), 용산기지 차량등록소가 있었다. KSC는 6·25전쟁 당시 일명 '지게부대(A-frame Army)'로 불리며 전투 지역에서 탄약과 군수품을 나르는 역할을 했다.

캠프킴은 미군의 여가 수요를 충족시켰던 곳이기도 했다. 캠프킴 부지 내에 1224번 건물(옛 조선육군창고 청사)은 미국위문협회인 'USO(United Service Organization)'가 사용했던 건물이었디. USO는 제2차세계대전 중인 1941년 미국 루즈벨트(Franklin D. Roosevelt) 대통령이 미군들의 사기를 충전하기 위해 구세군, YMCA, YWCA 등을 통합해 만든 비영리조직이었다. 원래는 서울역 옆 동자동에 있다가 1970년대 캠프킴으로 이전했디.

이곳에서 미국의 유명 가수뿐만 아니라 조용필, 인순이, 김시스터즈 등 한국의 유명 연예인들도 공연을 했다. 이 같은 시대적 상황 속에서 자연스레 한국 연예인들을 체계적으로 공급하는 중개업자가 생겨나고, 이들의 외화벌이는 당시 한국의 수출 규모와 맞먹다 보니 기지 내부로 공급할 연예인에 대한 심사도 치열해졌다. 또한 기지 밖에서도 미군을 위한 민간인 클럽에 음악을 납품하는 음악인들도 생겨났다.

1224번 건물은 2018년 USO의 평택 이전 완료 후 비어 있었다. 이 폐쇄 건물을 서울시와 주한미군이 함께 용산 미군기지와 주변 도시지역의 역사자료를 활용, 전시관으로 조성하여 서울시민들에게 공개했다. 그 전시관의 이름이 바로 '용산공원 갤러리'다. 용산공원 갤러리는 용산공원 조성사업과 함께 용산기지의 역사를 알리는 전시와 용산공원 시민참여 프로그램을 운영해오다, 2020년 12월 캠프킴 부지가 한국 측으로 반환 절차를 완료하게 되면서 '용산공원 갤러리'의 운영 또한 더 이상 이어갈 수 없게 되었다.

캠프킴 건물은 2022년 11월부터 철거 작업에 들어가 2023년 현재 모두 철거되었다. 현재 환경오염 정화작업이 이루어지고 있는 캠프킴 부지는 풀어야 할 숙제가 묻혀 있는 땅이다. 용산공원이 조성되어 일제강점기 일본군들에게 물자를 수송했던 '철길'과 남산에서 내려와 삼각지 만초천 본류로 흘러간 '물길'을 모두 볼 수 있을지 우리는 기대하며 기다리고 있다.

1964년 6월, 캠프킴 부지 항공사진

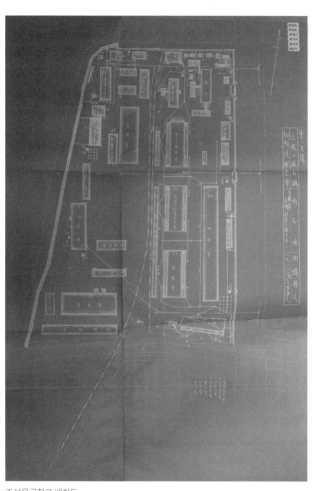

조선육군창고 배치도

- • 2017년 4월, 캠프킴 남측 옛 철길 흔적
- •• 2017년 11월, 캠프킴 입구 출입문
- ••• 2017년 10월, 용산 미군기지 담벼락에 남아 있는 KSC 흔적

⑦

옛 육군본부 부지

전쟁기념관

📍 이태원로 29

- 1950년 12월, 서울 극동군사령부 장거리 통신단 지역에서 바라본 옛 일본군 병영 일대 전경
  (오늘날 전쟁기념관 부지 방향)
- •• 2016년 8월, 전쟁기념관 정면

전쟁기념관은 1994년 6월 개관한 시설로 국내 첫 군사박물관이다. 1988년 12월 제정된 전쟁기념사업회법에 근거하여 전쟁기념사업회가 설립되었다. 전쟁기념사업회의 첫 목표 사업은 '전쟁기념관 건립'이었다. 전쟁기념관을 세워 전쟁 관련 자료를 수집·보관하고, 학술연구는 물론 실내외 전시를 통해 전쟁의 참상과 한반도의 평화 수호의 의미를 미래세대와 나누고자 했다. 1989년 2월까지 전쟁기념관 건립 장소가 확정되지 않고 있었다. 동년 6월 서울 용산구 용산동1가 일대 약 4만 평 규모였던 육군본부가 충청남도 논산시 계룡산 일대로 이전하면서 전쟁기념관 건립 부지로 확정되었다.

　원래 대한주택공사(현 한국토지주택공사(LH))는 새로운 육군본부 청사와 부지를 마련해 준 대가로 용산 육군본부 자리에 아파트를 지으려 했다. 하지만 이 부지를 도심 속 녹지공간인 공원으로 조성하자는 여론이 높아지자 주택공사는 서울시에 토지 매입을 요청했지만 당시 육군본부 부지 매입비가 수백억 원에 달하자 서울시가 난색을 표했다. 서울시가 공원 조성을 하지 못하게 되자 국방부에서 육군본부 부지 대신 다른 토지를 마련해 주면서 전쟁기념사업회 주관으로 전쟁기념관을 건립할 수 있게 되었다.

　1955년부터 1989년까지 34년간 육군본부가 자리한 부지는 1914년 일본군 20사단 야포병대가 주둔했다가 1928년 6월부터는 일본군 제79보병연대가 1945년 일본 패망 선언 때까지 잔류했던 곳이다. 그 후 미군정기에 미군 하지 중장이 이끄는 미 24군단이 용산에 진주하게 되면서 일본군이 차지했던 병영을 미군이 사용하다 잠시 철군 후 6·25전쟁이 발발하자 다시 주한미군기지로 공여가 된 역사를 가진 땅이다. 육군본부가 1955년 2월 27일 대구에서 용산으로 이동하게 되면서 '용산 육본 34년' 역사가 이어진 것이다.

- 1948년 9월, 미7사단 보병연대(오늘날 전쟁기념관 부지) 및 삼각지 일대 항공사진
- 1954년 8월, 새로운 대외활동본부(FOA) 직원 숙소 단지 항공사진
  (오늘날 국방부 부지, 전쟁기념관, 삼각지 일대)

- 1950년 9월, 서울 수복을 하루 앞둔 1950년 9월 27일 미 해병대에서 촬영한 용산 병영 일대
- • 1998년 10월, 전쟁기념관

미군에 의해 변화된 도시경관

삼각지 화랑거리

📍 한강로1가 228-1 일대

삼각지 화랑거리

한강과 서울역, 이태원으로 통하는 세 갈래 길이라 하여 이름 붙여졌다고 알려진 삼각지는 사실 효창동으로도 통하고 있어 네 갈래 길이라 해야 맞다. 세모꼴로 생긴 땅이기에 삼각지라 불리는 것이다. 서울역 방면에서 내려오는 철도와 한강대로가 용산역에 이르기 전에 크게 꺾어지는 위치가 바로 삼각지이다. 이 부근에 효창동에서 삼각지, 이태원으로 이어지는 이태원로가 지나면서 세모꼴 지형이 생겨났다.

세모꼴 지형에 로터리가 생긴 것은 1939년의 일이었다. 로터리는 해방 이후에도 그대로 존속되다가 1967년 최초의 입체교차로가 생기면서 변화를 맞이했다. 하지만 노후화 문제로 1994년 철거되면서 다시 평범한 사거리 교차로로 환원되는 과정을 거쳤다.

한강대로변을 따라 내려오다 보면 오른편으로 그림, 액자, 화구 등을 파는 화랑이 줄지어 있다. 일명 '삼각지 화랑거리'라고 부르는 곳으로, 미군의 영향을 받아 생긴 대표적인 도시경관이다. 미군들은 자신 혹은 가족의 초상화나 고향의 그림을 간직하는 문화가 있다. 6·25전쟁 후 가난했던 화가들은 미군들이 요청하는 그림을 그리기 위해 미군기지와 맞닿아 있는 삼각지로 모였고, 이때 문을 연 화실들이 모태가 되어 오늘날 삼각지 화랑거리가 탄생되었다. 대한민국을 대표하는 박수근, 이중섭 화백 또한 한때 생계유지를 위해 미군PX가 있었던 지금의 신세계백화점 본점에서 미군들의 초상화를 그려야만 했다.

1970년대 삼각지 화랑거리에서 대량 생산된 그림들은 수출을 할 정도로 번성했다. 돈벌이가 되자 각지에서 모여든 화가들이 외국 명화를 베껴 대량 생산한 뒤 외국으로 수출을 하기 시작한 것이다. 하지만 삼각지 화랑거리에서 그려진 그림들은 싸구려 그림이라는 뜻의 '이발소 그림' 혹은 물감을 쫑쫑 찍어 채 마르지 않은 그림이란 뜻의 '쫑쫑이 그림'이라고 비난받았다. 이러한 그림을 그린 삼각지 화가들은 삼각지 출신이라는 주홍글씨 때문에 평단에서 기를 펴지 못했다.

1980년대 들어서 그림 수출은 인건비가 싼 중국과 동남아시아에 주도권을 내주었고, 자연스레 삼각지 화랑거리의 규모는 줄어들었다. 그리고 지하철 6호선 전구간이 개통되면서 삼각지역 부근은 임대료가 올라 수익성이 떨어진 화랑들은 문을 닫아야만 했고, 현재 약 20여 개의 화랑만이 남아 그 명맥을 유지하고 있다. 비록 지금은 규모가 현저히 줄었지만 삼각지 화랑거리는 상업미술을 발달시킨 대표적인 곳이며, 미군에 의해 변화된 도시경관을 살펴볼 수 있는 매우 의미 깊은 곳이다.

6

지역문화와 외래문화의 공존
마을부군 산책

2022년 10월 말, 이태원에서 많은 사람이 유명을 달리한 일이 일어나 지금도 그 아픔을 치유하는 중이다. 조선시대에는 마을의 안녕을 기원하는 '부군당'이라는 곳이 있었다. 서울에서 마을 신앙이 있었던 지역은 대략 120곳 정도로 알려져 있는데, 지금까지 공간과 제의를 이어가고 있는 곳은 손꼽힐 정도가 되었다. 도시화와 재개발로 마을 공동체가 붕괴되고 있다. 그와 함께 마을 부군당도 사라지고 있다. 서울에서 그나마 부군당이 많이 남겨진 곳은 한강을 끼고 있는 용산이다. 앞으로 보광동, 서빙고동, 한남동 일대는 대규모 재개발이 예정되어 있다. 이 책에 실린 부군당들도 사사 사라질 분명을 맞이하고 있다. 마을의 커뮤니티 공간인 마을 부군당은 전승해 나가야 할 민속문화공간이다. 보광동, 한남동 일대에 남겨진 부군당을 찾아서 새로운 도시를 만들어 갈 때 개발과 공존하는 방식을 모색해 보자.

❶ 이태원 부군당 역사공원
이태원초
G21
G3
용
❷ 이태원
사평역
G4
이태원시장
한남동 주민센터
지하차도
용산구청
이태원1동 주민센터
G5
보광초
이태원역
이태원로
우사단길
❸ 유엔사 부지
한국폴리텍대학 서울정수캠퍼스
보광로
녹사평대로
장문로
보광시장
사우스포스트
❹ 수송부 부지
❺ 둔지미 부군당
보광동 주민센터
미10군단도로
G6
G7
흥무대왕 김유신 사당
오산 중·고등학교
서빙고로51길
한강중
❻ 동빙고 부군당
G8
용산공원 부분개방부지
G9
서빙고119 안전센터
서빙고초
서빙고동 주민센터
G11
G10
❽ 서빙고 터 ❼ 서빙고 부군당
한 강
서빙고역
반포대교
강변북로

이태원 마을의 역사

이태원 부군당 역사공원

📍 녹사평대로40다길 33

2020년 8월, 이태원 부군당

용산에서 가장 멋진 뷰를 가진 장소를 꼽으라면, 주저 없이 '이태원 부군당 역사공원'이라 말할 수 있다. 이태원 부군당 역사공원에 가려면 녹사평역에서 이어지는 '녹사평대로40나길'과 '녹사평대로40다길'을, 이태원역에서 '이태원로15길'을 이용하면 된다. 두 접근로 모두 가파른 길인데 멋진 뷰를 보기 위해서라면 감수해야 할 부분이다.

이태원 부군당은 언제 세워졌는지 정확한 연도를 알 수 없으나 부군당 전면에 서 있는 비석의 비문에 조선시대 광해군 11년(1619년)이라고 표기되어 있어 그 무렵으로 추정하고 있다. 이태원 부군당은 원래는 남산 중턱에 위치했으나, 러일전쟁 후 일제가 일본군 병영을 건설하는 과정에서 사격장을 설치하면서 이태원 마을의 주민들의 삶터와 함께 현재 위치로 옮겨졌다고 전해진다. 지금의 이태원 부군당은 한 칸 규모의 목조 건물이며, 1967년에 개축한 것이다.

부군당 내부로 들어서면 중앙에는 부군 할아버지와 부군 할머니가 있고, 부군님 좌측 첫 번째에는 '대감님'이 있다. 대감님은 우주 현상을 지배하고 인간의 재화를 담당하며 무당이 굿을 할 때 흥을 돋우는 역할을 한다. '대감님' 다음으로 모셔지고 있는 신은 '호구님'으로 전염병을 담당하는 신이다. 그 외에 '군웅님', '기마장군님', '별상님', '가망님' 등 부군님 좌우로 총 12점의 신상을 모시고 있다. 매년 음력 4월 1일 제례와 굿을 올리고, 음력 10월 1일은 제관만이 모여 제사를 지내며 마을의 액을 몰아내고 복을 불러(축재초복:逐災招福) 동네와 주민의 평안을 기원하고 있다.

이태원 부군당 역사공원 입구에는 '유관순 열사 추모비'가 있다. 이 추모비가 이곳에 있는 이유를 궁금해하는 방문객이 많다. '유관순 열사 추모비'가 이곳에 위치하게 된 것은 일제강점기 일본군 병영 건설과 관련이 있다. 유관순 열사의 묘는 용산구 이태원과 보광동 일대에 있던 이태원 공동묘지에 있었는데, 1930년대 경성의 인구가 급증하자 일제는 이태원 공동묘지를 개발하는 계획을 세우면서 1931년 이태원 공동묘지가 폐쇄되었다. 1935년~1937년 사이 무연고 묘지를 망우리로 옮기는 과정에서 유관순 열사의 유해가 유실된 것으로 알려졌다. 이에 용산구는 유관순 열사의 숭고한 넋을 기리고자 2015년 9월, 이태원 부군당 옆에 유관순 열사 추모비를 세우게 된 것이다.

이태원 부군당 역사공원은 남산과 용산 미군기지를 한눈에 바라볼 수 있는 전망대이기도 하지만, 일제 병영 건설로 인해 삶의 터전을 포기하고 강제로 이주해야만 했던 역사를 되돌아볼 수 있는 곳이기도 하다.

다문화 거리의 중심지

이태원

📍 이태원동 56-4 일대

2018년 12월, 해방촌에서 바라본 경리단길 및 이태원 부군당 방향의 도시경관

용산고등학교 정문 앞에 표석 하나가 자리하고 있다. 이 표석의 내용을 살펴보면, 과거 용산고등학교 일대가 조선시대 이태원 마을이었음을 알려주고 있다. 이 표석의 정보가 사실일까. 조선시대 수도 한성의 사대문을 벗어나면 관리들이 출장이나 지방으로 파견갈 때 잠시 머물거나 또는 식사를 할 수 있는 장소인 '원(院)'이 있었다. 흥인지문을 나서면 보제원(普濟院), 광희문을 나서면 전관원(箭串院), 돈의문 밖에는 홍제원(弘濟院)이 있었고, 남산인 목멱산과 한강 사이에 이태원이 있었다.

이태원 마을 지명에는 다양한 한자가 사용되었다. 조선 초기에는 배밭이 많아 '이태(梨泰)', 조선 중기 임진왜란 후에는 조선에 귀화한 일본인들이 거주하던 곳이라 하여 '이타인(異他人)'이라고 불렸다. 이는 다양한 시대상이 반영된 것이라 할 수 있다.

일본 방위성 방위연구소에서 수집한 '용산병영수용지명세도'라는 도면을 통해서 조선시대 이태원 마을의 위치를 정확하게 파악할 수 있었다. 이 지도에는 조선시대 목멱산 아래 일본군이 군용지로 수용하기 위한 구역들이 표시되어 있는데, 그중에서 '이태원(利泰院)'이라는 마을 지명과 마을의 구역이 상세하게 나타나 있었다. 오늘날 항공지도와 비교하여 이태원 옛 마을의 위치를 추정해보면, 지금의 '경리단길', '이태원어린이공원', '이태원초등학교' 일대까지 구역이라고 볼 수 있다.

역사적으로 이태원 마을은 조선 중기 임진왜란을 거치면서 왜군들에 의해 마을이 큰 피해를 입었고, 조선 말기에는 일제의 조신 식민지화와 대륙 침탈을 위해 용산에 군용지를 수용하게 되면서 마을 주민과 조직들이 완전히 와해되었다. 그때 이태원 주민들은 인근 지역으로 이주하여 흩어져 살게 되었다고 전해진다.

전라 속에서 많은 피해를 입은 조선시대 '이태원'과 오늘날 '이태원'의 공간 인식은 완전히 다른 이미지로 비친다. 6·25전쟁 이후 과거 일본군의 병영 일대가 주한미군 기지로 재건되면서 이태원은 새로운 문화 공간으로 탈바꿈하게 된다. 용산 미군기지는 전후 시대에 이태원을 색다른 풍경으로 만들어내는 요인이 되었다. 1960년대에는 이태원 재래시장 골목이 즐비했다면, 1970년대부터는 상가 건물들이 들어서기 시작하면서 쇼핑 상가 거리의 경관으로 전환되었고, 상점의 규모도 그전보다 훨씬 커지는 경향이 나타났다. 1980년대까지 이태원 시장과 상가가 활성화될 수 있었던 것은 미군부대 주변이라는 특수성과 연계하여 보세 상품들이 거래될 수 있었기 때문이다.

이태원의 보세 상품들이 입소문이 나면서 이태원은 한때 서울을 찾은 외국인

관광객들의 필수 관광코스였고, 1986년 서울아시안게임과 1988년 서울올림픽을 거치면서 관광 명소로 급부상했다. 1980년대 중반부터는 국내 방문객들도 증가하면서 새로운 대중문화를 꽃피우는 장소이자 다양한 문화가 집결하는 장소로 성장했다. 해외 댄스 문화를 접할 수 있는 공간이기도하여 국내 춤꾼들의 아지트도 생겨났다.

 2011년 3월 발매된 '이태원 프리덤'이라는 노래는 1980년대 디스코 느낌을 담고 있는데, 뮤직비디오에는 실제 이태원 거리를 누비며 시민들과 함께 춤을 추는 장면도 나온다. 이는 2010년대 중반까지 이태원이 '대한민국의 다문화'를 상징하는 장소로 성장해왔다는 것을 단편적으로 보여주는 사례이다. 하지만 2010년 후반부터 진행된 용산 미군기지 이전과 2019년부터 2021년까지 오랜 시간 겪었던 코로나19 팬데믹, 2022년 10월 29일 이태원 거리에서 일어난 '이태원 압사 사고'는 이태원의 쇠퇴를 가져오게 한 큰 요인이 되었다.

2018년 10월, 용산고등학교 정문 앞 사거리

龍山兵營敷地明細圖 五十分一

용산병영수용지명세도

③

16개국 군대의 통솔
유엔사 부지

📍 이태원동 22-34

2016년 8월, 유엔사 부지

2000년대 접어들면서 용산기지 이전사업은 다시 한·미 정상 간 중요 의제로 다뤄지기 시작했다. 2004년 '대한민국과 미합중국 간 미합중국 군대의 서울지역으로부터의 이전에 관한 협정(UA)'이 국회의 비준 동의 후 이에 근거한 2007년 7월 용산공원 조성 특별법이 제정되면서 용산기지 공원화 사업이 구체화 되었다. 용산공원 조성 특별법에는 '본체 부지'와 '주변 산재부지'라는 용어가 사용되는데, 국민들은 이에 대해 잘 알지 못하고 있다.

법적 용어의 의미를 살펴보면, '본체 부지(本體敷地)'는 미합중국 군대의 본부 및 지원부대 등이 집단적으로 입지한 일단의 부지를 말하며, '주변 산재부지'는 본체 부지와 격리되어 그 주변에 흩어져 있는 부지를 뜻한다. 이를 쉽게 설명하면 '본체 부지'는 용산공원으로 조성될 공간, '주변 산재부지'는 용산 미군기지 이전 비용 마련을 위해 미군으로부터 반환받은 후 매각하는 부지라고 할 수 있다. '주변 산재부지'는 용산 미군기지 동측에 '유엔사 부지', '수송부 부지' 그리고 서측에 '캠프킴 부지'가 해당된다. 세 개 부지중 가장 먼저 매각되어 개발이 진행되는 곳이 유엔사 부지이다. 현재 주거, 업무, 호텔 등 다양한 시설이 공존하는 곳으로 개발이 한창 진행 중이다.

유엔사 부지가 어떤 모습으로 남아 있었는지 기억하는 사람은 찾아보기 힘들고, 이 부지와 관련된 기록이나 자료도 충분하지 못하다. 오랫동안 현장 확인을 통해 알 수 있었던 것은 유엔군사령부(UNC) 시설이 1961년부터 2006년까지 현재의 자리에 있었고, 2006년 이후에는 한동안 국방부 주한미군기지이전사업단과 한국토지주택공사(LH) 사무실이 임시 설치되어 운용되었던 시기도 있었다는 것이다.

유엔군은 6·25전쟁에 참전한 16개국을 통솔하기 위해 유엔안전보장이사회 결의에 의해 창설된 부대로 부대 설립 직후부터 작전통제권을 가지고 있었다. 1978년 용산 미군기지 메인포스트에 한미연합군사령부가 창설되자 유엔군사령부는 작전통제권을 주한미군과 대한민국 국군에게 이양하고, 현재는 평택 험프리스 기지에 위치하면서 정전협정에 관한 임무만 수행하고 있다.

6·25전쟁 군수물자의 집결

수송부 부지

📍동빙고동 10-5 일대

- 1954년 6월, 둔지산에서 수송부 부지 방향으로 바라본 전경
- 2020년 8월, 수송부 부지 내 건축물

유엔사 부지에서 반포대교 방향으로 내려가다 보면 또 다른 산재부지인 수송부 부지가 있다. 수송부 부지는 일제강점기 일본군 용산 공병대가 있던 곳으로 1910년대 초에는 보병연대 병영(현 용산 미군기지 메인포스트)의 일부를 사용하다 공병대대 병사가 완공되면서 1921년 현재의 위치에 자리하게 되었다. 당시 사용했던 대형 공병막사 1동은 현재까지 원형 그대로 남아 있어 그간 흘러온 역사의 흔적을 대변하고 있다.

 일본군 공병대대였던 곳은 6·25전쟁 이후 주한미군이 자리잡으면서 주로 군수물자나 병력 수송을 관할하는 수송부대로 활용되었다. 최근까지도 주한미군의 군시설로 사용되었으며 수송부 내에는 정비소와 차량 중앙통제센터 등의 주요 시설이 자리하고 있다. 반환 계획은 아직 미지수이나 기지 내 시설 이전이 완료되면 유엔사 부지와 같은 수순을 밟아갈 예정이다.

1954년 3월, 서울 무기저장지역 항공사진(오늘날 수송부 부지)

둔지미 마을의 마을 제당
둔지미 부군당

📍 장문로15나길 6

2021년 9월, 둔지미 부군당

둔지미 부군당은 무후묘, 혹은 보광사라고도 불린다. 약 150평 규모의 터와 3칸 규모의 제당, 보광사, 양쪽에 제물이나 제기를 보관할 화주청이 딸린 솟을대문으로 구성되어 있다. '무후묘제전관리위원회'를 중심으로 매년 음력 10월 1일에 유교식 제사가 행해지고 있다.

둔지미 부군당은 본래 지금의 국립중앙박물관 자리에 있었던 둔지미 마을의 마을 제당이었다. 1904년 러일전쟁을 계기로 일제는 병영을 건설하기 위해 둔지미 마을을 군용지로 강제 수용하면서 주민들은 삶의 터전이었던 둔지미 마을을 떠나 현재의 용산구 보광동으로 이주하게 된다. 제대로 된 보상도 없이 충분한 건축자재를 확보하지도 못한 채 이주했기 때문에 이전에 살던 가옥의 목재를 뜯어다가 집을 지었다. 1917년 갑작스러운 이주 과정에서 무후묘, 부군당을 재건할 여유가 없었던 둔지미 마을 주민들은 둔지미의 정체성과 마을문화를 지키고 계승하고자 1919년 부군당을 재건한다.

둔지미 부군당은 무후묘라 불리기도 하는데, '무후'란 충무후(忠武侯)라고 시호가 내려진 제갈공명을 뜻한다. 제갈공명을 모시게 된 이유에 대해서는 여러 가지 설(說)이 있다. 첫 번째는 도성을 드나들던 중국 상인이 무후묘를 세웠다는 설과 두 번째는 둔지미 마을의 주축을 이뤘던 김해 김씨 충순위공파의 선조가 중국에서 온 도래인이었기 때문에 그들이 세웠다는 이야기도 있다. 마지막으로 『삼국지연의(三國志演義)』의 유행으로 인한 것이라는 설도 있다. 특히 임진왜란 이후에 관우와 함께 제갈공명이 충의와 지략으로 국난을 극복한 영웅으로 신격화되었고, 그것이 민간으로 널리 퍼져 마을을 지키는 무신으로 섬겨지게 된 것이다.

그러나 어떻게 제갈공명을 모시게 되었는지보다 둔지미 부군당이 마을의 위기에서 어떤 역할을 했는지가 중요하다. 우선 김해 김씨 충순위공파가 토지를 기증하여 둔지미 부군당이 재건될 수 있게 지원했고, 재건된 부군당은 타지에서도 마을 사람들이 똘똘 뭉쳐서 살아갈 수 있게 하는 힘이 되었다. 이는 보광동으로 이주 후에 태어난 '신보광동 세대'를 중심으로 계승되어 지금에까지 이르고 있다. 게다가 이곳에서 마을 청년들이 아이들의 공부를 도와주는 공부방을 열기도 했다고 하니 마을의 구심점 역할을 톡톡히 했다고 볼 수 있다.

흥무대왕 김유신 사당

📍 서빙고로91길 28-15

2017년 7월, 김유신 사당

둔지미 부군당에서 동남쪽으로 약 700여m 떨어진 곳에 위치하고 있는 사당이 '흥무대왕 김유신 사당'이다. 오산중·고등학교 동측 담장과 접해 있다. 이 사당은 595년(진평왕 17년)에 태어나 673년(문무왕 13년)에 생을 마친 통일신라 시대의 장군 흥무대왕 김유신을 모시고 있다. 그는 609년(진평왕 31년)에 화랑이 되었고, 660년(무열왕 7년)에는 당나라와 연합하여 백제를 멸망시켰으며, 668년(문무왕 8년)에 고구려를 정벌한 후 당나라 군사를 몰아내고 한강 이북의 고구려 땅을 수복하여 삼국통일의 기반을 닦은 통일신라의 가장 대표적인 인물이다.

흥무대왕 김유신 사당은 본래 관아에서 신령을 모시는 부군당으로, 김유신 장군을 주신으로 모신 건물의 이름은 명화전이다. 신라가 고구려를 칠 때 한강 수위가 얕은 이곳을 건너갔는데, 고구려군을 물리친 후 김유신 장군이 주민들에게 잘 대해 주었기 때문에 김유신 장군을 주신으로 모시게 되었다고 한다. 매년 음력 정월 초하루가 되면 주민들은 김유신 장군의 위엄을 기리고 마을의 평안을 기원하는 제사를 드리고 있다. 명화전의 창건 연대는 정확하지 않으나 옛터는 현재 사당에서 남쪽으로 50보 떨어진 강가에 있었다. 1941년 일제의 철도 복선화로 명화전 터가 철도부지로 편입되어 사당이 헐리게 되자 현재의 위치로 옮겼다.

⑥

한강변의 또 다른 사당

동빙고 부군당

📍 서빙고로73길 24-27

2022년 1월, 동빙고 부군당

녹사평대로나 서빙고로만 따라가게 되면 아마 절대 찾지 못할 곳이 동빙고 부군당과 흥무대왕 김유신 사당이다. 두 사당은 반포대교 북단에 위치한 서울시 용산구 동빙고동과 보광동에 자리하고 있다.

동빙고동 구역의 거의 절반은 용산 미군기지의 인력과 물자를 이동시키는 수송부가 차지하고 있다. 수송부 부지를 따라 동쪽에는 각국 대사관들이 즐비한 거리인 대사관로가 접해 있고, 남쪽으로는 군인아파트로 활용되고 있는 '용산 푸르지오파크타운 2단지아파트'가 있다. 용산 푸르지오파크타운 2단지와 한강변 사이에는 오래된 다가구, 다세대 주택들이 몰려 있고, 그 사이사이로 골목들이 이어진다. 구불구불 이어지는 골목길을 걷다 보면 '동빙고 부군당'을 찾을 수 있다.

동빙고 부군당에서는 단군성조와 성비의 영정을 주신으로 모시고 있다. 임진왜란 등 각종 전란으로 파괴와 재건을 거듭했다. 매년 음력 정월 초하루에 모시는 동제는 일제의 민족신앙 말살정책이 이루어지는 가운데에서도 진행되었다.

1945년 8월 15일 해방 후 뜻있는 인사들이 부군당을 유지해 오다 6·25전쟁으로 영정이 분실되면서 윗당은 사라지고, 아랫당에 제신을 모시게 되었다. 동빙고 부군당이 다른 부군당과 다른 점이 있다면 윗말과 아랫말로 구분된다는 점이다. 하지만 현재 동빙고 부군당은 윗말 부군당과 아랫말 부군당이 함께 있다. 윗말 부군당은 동빙고동의 변전소 근처에 있었으나 마을 개발로 철거되면서 아랫말 부군당의 한쪽에 별도로 마련되어 있다. 그 외에도 단군왕검이 부인과 함께 위와 아래의 당에 모두 모셔져 있는 것과 동빙고동 부군당제에서 무당이 먼저 굿을 하고 난 뒤 저녁 무렵에 제관이 제례를 지내는 점이 특징이다.

⑦

태조 이성계를 모시는
서빙고 부군당

📍 서빙고로59길 3-6

2017년 7월, 서빙고 부군당 입구

서빙고 부군당은 15세기 말 혹은 16세기 초에 건립된 것으로 추정된다. 당내 서 까래에 남아 있는 현판에는 '崇禎紀元十三秊乙亥四月十八日重建(숭정기원 13년 을해 4월 18일 중건)'이라는 기록이 있어 건립 시기를 대략적으로나마 추정 할 수 있다. 서빙고 부군당 역시 일본군 병영이 세워지면서 1910년대 초 현재 자 리로 옮겨졌다. 기록에 따르면 이곳에서 300m가량 떨어진 언덕에 있었으나 군사 훈련장으로 쓰이며 지금의 위치로 이전하게 되었다고 한다.

외따로이 떨어져 있는 작은 건물이 제당이고, 그 옆 건물이 제사를 준비하는 화주 청인데, 이곳에는 부엌, 마루, 온돌방, 창고 등이 있다. 서빙고 부군당 내부 정면에 는 당의 주신인 태조 이성계와 부인 강 씨의 무신도, 왼쪽 벽에는 삼불제석(三佛 帝釋)이 모셔져 있으며 서빙고동 부군당 치성 위원회에서 매년 음력 1월 1일 유교 식으로 제례를 올리고 있다.

2017년 7월, 서빙고 부군당 내부

조선시대 얼음창고
서빙고 터

📍 서빙고동 199-6

• 1947년 한강 서빙고 일대에서 얼음 채빙하는 사람들

•• 2017년 7월, 서빙고 터 표석

서빙고는 조선 초기 한양에 설치했던 왕실 얼음창고 중 하나이다. 한강변 둔지산에는 서빙고를, 한강변 두모포(荳毛浦)에는 동빙고를 설치하여 겨울철에 얼음을 저장해두었다. 서빙고의 얼음은 비변사, 승정원, 시강원, 병조, 내의원 등 여러 관청과 종친 문무 당상관, 70세 이상 퇴직 당상관에게 지급되었다. 동빙고에 있는 얼음은 제례와 같은 제향(祭享) 의식 때 사용하던 얼음이었다.

　반포대교 북단, 용산구 서빙고로 51길 서빙고초등학교 부근에 서빙고 터 표석이 있다. 오늘날 동명으로 사용되는 '서빙고'는 조선시대 얼음 채취부터 보존, 출납까지 맡아보던 관아로 지금의 서빙고동 둔지산 기슭 한강 주변에 있었고, 고려시대 관습에 따라 조선 건국 초에 설치되었다고 한다. 8개의 저장고에 총 13만여 정의 얼음이 저장되었는데, 서빙고 8개 저장고는 동빙고의 12배, 내빙고의 3배가 넘는 규모였다. 얼음 1정이 대략 두께 12cm 이상, 둘레 약 180cm 정도의 부피였다.

　한강이 얼기 시작하는 음력 12월에 얼음을 저장해 이듬해 3월부터 빙고를 열어 반출하여 사용했다. 겨울을 지나 봄, 여름, 가을까지 얼음이 창고 안에서 덜 녹게 하기 위해 얼음 사이사이에 쌀이나 겨를 넣어 보관하거나 벽과 천장에도 볏짚을 쌓아서 바깥 열을 차단하는 등 여러 장치들을 해놓았다.

　이렇듯 얼음의 보관이 어렵다 보니 얼음의 쓰임새에 따라 창고를 구분하기도 했다. 동빙고의 얼음은 국가 제사용, 내빙고는 궁중 전용, 서빙고의 얼음은 궁중과 백관들뿐 아니라 환자와 죄수들까지 사용했다.

　제한된 양으로 일정한 기간과 대상에게 얼음을 공급해야 했으므로 빙고의 관리는 엄격했다. 다산 정약용의 『경세유표(經世遺表)』에서 빙고 운영에 드는 비용 절감을 해결하려는 고민을 엿볼 수 있다.

7

용산의 개발과 미래
서빙고로 산책

☑ 위치: 용산기지 남측
☑ 소요거리: 4km
☑ 코스
① 버들개문화공원
② 용산도시기억전시관
③ 동부이촌동
④ 용산기지 13번 게이트
⑤ 용산가족공원
⑥ 용산공원 부분개방부지

용산구에서 한강과 접해 있는 동네가 바로 '이촌동'이다. 한강뷰 아파트가 즐비하여 거주하고 싶은 동네 중한 곳이 되었다. 이촌동 일대는 1930년대에 만들어진신민요 '노들강변'에서 유추할 수 있듯이 백사장 모래밭이 끝없이 펼쳐졌던 곳이다. 이러한 곳 중 일부는일제강점기를 거치면서 건설된 경원선 철도와 군 훈련장이 있고, 한강 범람이 자주 있어 주거지로서 합당하지 못한 장소였다. 6·25전쟁 후 서울 재건과 함께 1960년대부터 1980년대까지 진행된 한강종합개발사업, 미8군 골프장 이전, 국립중앙박물관 건립을 비롯한 높은 용적률을 가진 아파트 단지들이 재조성되면서 이촌동은 변모했다. 용산역 앞부터 서빙고역 앞까지 이어지는 '서빙고로'를 중심으로 지난 50여 년 시간 속으로 시간여행을 하듯 걷는 구간이 '서빙고로 산책'이다. 용산 미군기지 공원화의 출발지가 되었던 서빙고역 앞 '옛 용산 미군기지 장교숙소 5단지'가 왜 젊은이들의 발걸음을 재촉하는지 현장에서 살펴보자.

남산타워

남산3호터널

남산2호터널

후암로

청파로

숙대입구역

남영역

메인포스트

전쟁기념관

삼각지역

이태원로

녹사평역

한강대로

용리단길

국방부

둔지산

사우스포스트

녹사평대로

용산역

신용산역

미디어
광장

버들개
문화공원 ❶

용산역사
박물관

용산도시기억
전시관 ❷

한강대교

용산어린이정원

미10군단도로

서빙고근린공원

국립중앙박물관

용산가족공원 ❺

용산공원
부분개방부지 ❻

용산세무서

❸
동부이촌동

이촌역

❶❸ 13번
❹ 게이트

용강중
이촌로

❻❻

신용산초

서빙고로

❻❷

❻❶❻⓪

서빙고역

중경고

동
자
빛
로

동빙고
근린공원

강변북로

한 강

미군들의 생활 공간
사우스포스트

2018년 12월, 용산 국립중앙박물관 부지 일대

아래 항공사진은 1963년 10월 한강백사장과 용산 미군기지가 어떻게 공존하고 있었는지 잘 보여주는 사료이다. 항공사진 정중앙의 긴 철도는 오늘날 경의중앙선으로 이촌역~서빙고역 사이의 구간이다. 철로 구간 윗부분의 넓은 부지에는 옛 미8군 골프장과 야구장 등 용산 미군기지 사우스포스트의 주거단지가 곳곳에 나타난다. 철로 구간 아래 넓은 모래가 펼쳐지는 곳은 오늘날 이촌동 아파트 단지가 들어선 곳으로, 한강변 모래사장 북단에 위치한 헬기장은 미군이 사용한 헬기장이다. 이 헬기장은 경의중앙선 서빙고역 앞에 위치했던 블랙호크 헬기장이 이전해 온 것으로 이후 미8군 골프장 부지로 이전했다가 마지막으로 이전하여 활용한 곳이 국방부 청사 남쪽에 위치했던 헬기장이다. 사진에 보이는 헬기장은 오늘날 이촌역 3번 출구와 용강중학교, 서울신용산초등학교가 있는 자리다.

1963년 10월, 용산 미군기지 사우스포스트 일대 항공사진

국립중앙박물관에서 바라본 용산 미군기지 전경

서울 근현대사의 상징
한강대교

📍 이촌동 372 일대

2023년 7월, 한강대교

용산역사박물관에서 한강대로를 따라 내려가다 보면 경의중앙선 뒤로 형성되어 있는 제방이 있다. 한강변 일대가 매년 수해를 입자 서울시는 1960년대부터 본격적으로 한강에 제방을 축조했다. 1차 한강종합개발 사업 시기에 진행된 한강개발 3개년 계획(1967년~1970년)은 당시 김현옥 서울시장이 한강 개발을 목적으로 수립한 계획이다. 한강변에 제방도로를 쌓아 한강의 홍수 피해를 막고 제방도로를 자동차 전용 고속화도로로 하여 교통난을 해소하며, 한강변 연안에 근대적 고층화 도시를 건설하는 것을 목적으로 했다. 1968년부터 1974년까지 한강 남북 양안의 거의 모든 제방이 보강되거나 새로 축조되어 강변도로가 완성되었다. 강변도로의 건설로 한강변에는 많은 변화가 일어났다.

　이후 이어진 2차 한강종합개발(1982년~1986년) 사업은 북한강 상류의 소양강댐과 남한강 상류의 충주댐의 완공으로 한강의 홍수 조절이 가능하다는 전제하에 한강의 홍수 피해를 극소화하고, 한강 개발 가능성을 극대화하는 방향으로 진행되었다. 특히 1986년 아시아경기대회와 1988년 서울올림픽대회에 대비하여 강변도로의 확장과 주변 도시환경을 정비함으로써 국제도시로서의 면모를 갖추도록 하는 데 궁극적인 의의를 갖는 사업이었다.

　한강대로는 한강대교와 이어진다. 서울시 등록문화재 제1호로 선정된 한강대교는 1917년 준공된 한강에서 가장 오래된 인도교로 6·25전쟁 당시의 총탄 흔적이 남아 있어 대한민국 근현대 역사의 산 증거이자 우리나라 교량기술 발전의 복합적인 상징물로 평가받는 도시기반시설이다.

　한강대교는 수해와 전란으로 인해 1917년 당시의 모습은 사라지고 변형되었지만, 일제강점기부터 6·25전쟁 그리고 서울의 급진적 개발이 진행되었던 1960년~1970년대, 1980년대 산업화의 흔적과 시간을 모두 간직하고 있는 상징적인 교량이다. 한강대교가 자리하고 있는 이 일대는 조선시대 정조가 화성에 행차할 때 배다리를 놓아 서울의 남북을 잇는 역할을 했던 곳이다.

　한강대교 가운데는 과거 중지도로 불렸던 노들섬이 있다. 6·25전쟁 중이었던 1950년 12월 31일부터 1951년 1월 4일까지 중공군의 개입과 공세로 다시 서울을 포기하고 피난길에 올랐던 '1·4 후퇴' 당시 서울시민들이 한강 도하 시 이용했던 부교가 설치된 장소이다. 1951년 1월 3일 미8군사령관인 리지웨이의 서울 철수 명령에 따라 한강 이북의 모든 한국군과 유엔군은 1월 4일 오전까지 한강에 임시로 설치된 부교를 통해 철수를 완료했다.

1951년 4월, 1950년 9월 서울 수복 후 공산군이 다시 서울로 침공하자 한강을 건너는 피난민

1951년 한강에 임시로 설치된 부교를 통해 한강을 건너는 피난민

① 용산공원의 관문

버들개문화공원

녹지카펫 용산 파크웨이 영상

📍 한강로3가 98-4 일대

2019년 10월, 용산역 앞 광장에서 바라본 용산 게이트웨이 부지 방향

용산역 앞으로 넓게 자리한 미디어 광장은 향후 용산공원과 연결되는 녹지축의 출발점이 되어 약1.4km에 달하는 버들개문화공원이 조성될 예정이다. 또한 현재 강남역까지 운행하고 있는 신분당선이 신사역에서 용산역까지 연장될 전망이다. 용산 미군기지 반환 문제와 맞물려 잠시 멈춰 있지만, 국토부와 국방부는 개선안을 마련하고 주한미군과 협의를 진행해 빠른 시일 내에 공사에 착수할 계획이다.

긴 녹지 보행축이 조성되면 도심 가운데에서 보기 드문 탁 트인 시원한 전망과 싱그러운 식물들이 가득한 공간을 만날 수 있을 것이다. 야외전시, 거리공연, 플리마켓 등의 이벤트가 열리고, 많은 시민이 이곳에서 휴식을 취하면서 문화를 누리는 공원의 모습이 그려지는 듯하다.

미디어광장과 용산문화공원을 지나 용산시티파크 아파트 단지로 걸어가면, 서빙고근린공원에 이르게 된다. 용산 미군기지 담장과 고층 아파트 사이에 있어 외부에서는 잘 보이지 않는다. 그래서인지 대부분 아파트 사유지라고 생각하지만 사실상 용산구에서 관리하는 근린시설이다. 서빙고근린공원 또한 용산역에서 용산공원으로 이어지는 녹지축의 일부가 될 공원이다.

남산에서 한강까지 남북으로 잇는 녹지축은 용산공원과 주변 도시를 연계하여 상호작용을 활발하게 하는 매우 중요한 공간이다. 그렇기에 용산공원뿐만 아니라 녹지축 주변부와의 연결까지도 우리가 함께 고민하고 생각해야 할 과제이다. 용산역에서 용산공원으로 향하는 멋진 진입로가 될 버들개문화공원의 모습이 기대된다.

2021년 5월, 용산 프롬나드 끝자락에 위치한 서빙고근린공원

용산공원 시민소통공간

용산도시기억전시관

📍 서빙고로 17 용산센트럴파크 해링턴스퀘어 공공시설동 1, 2층

2020년 9월, 용산도시기억전시관 외관

미디어 광장에서 이촌역 방향으로 걷다 보면 용산도시기억전시관이 보인다. 용산도시기억전시관은 2009년 1월 도시환경정비사업 대상지였던 곳에서 발생한 '용산참사'를 성찰하고, 용산의 도시 변천사를 아카이브하여 시민들과 함께 용산공원을 비롯하여 용산 도시 개발에 대해 소통할 수 있는 전시관이다.

그렇다면 도시환경정비사업이 추진된 배경은 무엇일까. 서울시 최초의 불량주택지 형성은 일제강점기까지 거슬러 올라간다. 1920년대 말 동양척식회사와 대지주를 앞세운 농촌수탈로 농촌 마을들이 해체되기 시작했고, 일제가 조선을 만주진출의 병참기지로 만들고자 했던 1930년대부터 시작된 서울의 공업화와 맞물려 이촌향도가 가속화되었다. 서울로 유입한 인구는 대부분 농촌을 떠나 노동집약적 경공업에서 일자리를 구하고자 했던 가난한 사람들이었다. 유입민들은 행랑살이를 하거나 '토막'이라는 무허가 임시거처를 마련하여 모여살기 시작했다.

1950년 발발한 6·25전쟁으로 많은 주택이 파괴되었으나 서울 인구는 북쪽 동포의 월남, 참혹한 빈곤을 피해 농촌을 떠난 이들의 상경으로 오히려 급격하게 증가했다. 10가구 중 1~2가구는 판잣집 이하의 주거환경에 정주했으며, 주택보급률이 약 50% 수준에 지나지 않는 극도로 열악한 상황이었다. 무허가 불량주택 밀집지역은 상하수도가 잘 갖추어지지 않아 보건, 위생이 취약하고 화재, 사태 등의 위험에 노출되어 있었다. 5·16 쿠데타 이후 근대화라는 국가적 목표 아래 1960년대부터 서울시의 물리적 개발이 적극적으로 이루어졌으며, 기반시설 확충에 방해가 되는 무허가 불량주택 밀집지역을 정리하는 방법을 강구했다.

주택재개발이라는 정비 방식은 서울시 건의로 1973년 제정된 「주택개량촉진에 관한 임시조치법」을 통해 최초로 제도화되었다. 사업 시 국공유지를 무상으로 양여함으로써 재정을 충당할 수 있게 한 점이 특징이었다. 이 법은 주택 개량을 촉진할 목적으로 제정되었으며, 당시 서울시는 1981년까지 1가구 1주택 실현을 위해 주택 공급과 불량주택 개량을 병행하는 정책 목표를 설정했다.

1983년 서울시는 토지를 제공하는 주민과 건설업체가 합동으로 사업을 추진하는 합동재개발 방식을 내놓게 된다. 합동재개발 방식은 철거재개발로 불리기도 한다. 이는 거주민을 수용하는 주택에 더하여 매각할 수 있는 주택을 추가적으로 건설하여 수익성을 확보하는 방식이었다. 주요 이해 당사자인 공공, 조합, 건설사, 그리고 분양받는 사람 모두가 이익을 볼 수 있는 사업구조였기 때문에 서울시 주택개량 재개발사업 방식 가운데 가장 보편적인 개발 방식이 되었다.

2002년 12월 「도시및주거환경정비법」이 제정되면서 도심재개발사업은 도시환경정비사업으로 그 명칭이 바뀌었다. 법령의 명칭에서도 알 수 있듯, 재개발사업은 단순히 주택 및 업무공간 등을 공급하는 목적 외에 양호한 도시·주거환경을 조성하는 데 필요한 기반시설을 정비할 목적을 추가하게 되었다.

2001년 5월 4일, 용산4구역을 포함한 국제빌딩 주변구역과 용산역 전면구역, 용산기지 남서측과 접한 일대가 도심재개발 예정구역으로 지정되었다. 그간 개발사업은 재산권에 기반해 개발 이익 실현을 목적으로 추진되었기에 사회적 약자의 인권과 주거권이 충분히 고려되지 못했다. 이러한 개발사업의 구조적 문제가 용산4구역의 특수한 상황과 맞물리면서 2009년 1월 '용산참사'가 발생했다. 용산구 남일당 건물에서 농성 중이던 철거인들을 경찰특공대가 강제 진압하다가 건물 옥상 망루에 불이 붙어 철거민 5명과 특공대원 1명이 숨진 용산참사는 개발사업에 대한 반성과 성찰의 계기가 되었다. 이러한 참사가 다시 발생하지 않도록 서울시는 시민들의 주거권과 생계 등 인권 보장을 위한 개발방식을 추구하고 있다.

용산공원 시민소통공간
블로그

용산공원 시민소통공간
뮤튜브

- 2020년 7월, 용산도시기억전시관 2층 아카이브룸(기록방)
- 2020년 3월, 용산도시기억전시관 1층 중앙전시홀(산책방)

③

아파트 신도시 개발의 선두

동부이촌동

📍 이촌로 248 일대

2023년 7월, 이촌 노들강변

조선시대 모래사장이 펼쳐졌던 노들강변은 공유수면 매립공사로 한강변 택지 조성과 동부이촌동 아파트 단지가 세워졌다. 사람이 살지 않았던 한강 백사장이 우리나라 최대의 아파트 단지로 변모된 것이다. 이촌동은 원래 비만 오면 물에 잠겨서 한강 변두리에 있던 빈민가였다. 홍수가 끝난 뒤 모래톱이 쌓여 형성된 모래마을이라는 뜻의 사촌(沙村), 홍수를 피해 안쪽으로 터전을 옮겼다고 옮길 이(移), 마을 촌(村)을 써서 이촌동이라 불리다가 일제강점기 때 이촌동(二村洞)으로 변했다.

　일본군 병영이 있던 용산 일대가 여름철 장마가 지면 침수되자 총독부에서는 제방을 건설하여 피해를 막고자 했는데, 이때 조선인 빈민들이 주민의 대다수였던 이촌동은 포함하지 않았다. 이촌동 주민들은 탄원서 제출과 항의 집회를 열어 제방을 축조할 것을 요구했지만 이루어지지 않았다. 결국 역사적으로 유명한 1925년 을축년 대홍수가 왔을 때 이촌동은 과반수의 주택이 쓸려 내려가 황무지가 되었다. 수많은 마을이 물에 잠겼지만 총독부는 이촌동만 '폐동' 결정을 내렸다. 심지어 조선인 거주조차 금지시키는 등 한인 차별이 이루어졌던 역사가 있다.

　전쟁 이후에도 판자촌이 늘어선 빈민가였던 이촌동에 변화의 바람이 분 것은 1967년이었다. 당시 김현옥 서울시장은 '한강변 개발 계획'에 따라 '공유수면 매립공사'를 진행하여 한강의 하폭을 축소하고, 그만큼 제방을 강 안쪽으로 축조하여 새로운 택지를 개발했다. 용산구의 공유수면 매립사업은 동부이촌동지구, 서빙고지구, 한강대교 중간에 있는 제 1중지도(노들섬)에서 이루어졌다.

　한강변을 모래로 메워 택지 개발이 이루어진 이촌동에는 학교, 기관, 대단지 아파트들이 세워졌다. 1966년 공무원연금을 재원으로 공무원 아파트가 기공되면서 본격적으로 아파트촌이 생겨났고, 1968년 동부이촌동에 우리나라 최초의 중산층 아파트인 '한강 맨션아파트'가 들어섰다. 1990년대 이후부터는 재건축 바람이 불며 개발을 거듭해 오늘날 부촌의 모습을 갖추게 되었다.

옛 일본군의 통신기지국

용산기지 13번 게이트

📍 서빙고로 69 일대

2020년 7월, 용산기지 13번 게이트 보행자 출입구

용산기지 주변에 둘러 쳐진 긴 담장 곳곳에는 기지 내부로 들어가는 21개의 게이트가 있다. 현재는 상당수의 미군이 평택으로 이전하여 몇 개의 게이트만 열려 있다. 그중 하나가 이촌역 근방의 사우스포스트로 통하는 13번 게이트(South post Visitor Center Gate)이다.

용산 미군기지 13번 게이트 일대에는 일제강점기 일본군의 연병장이 자리했다. 본래 용산기지 캠프코이너 일대에 있었던 것이 사단 증설을 하면서 더 넓은 연병장 부지가 필요하게 되자 1921년 현재 국립중앙박물관 부지 인근으로 이전한 것이다. 용산총독관저와도 인접했던 이곳은 1919년 일제의 '시베리아 출병'과 관련하여 군사용 무선전신 중계를 위한 경성무선전신국 용산송신소가 세워진 곳이다.

일본군사령부는 1920년대에 들면서 한반도 군사 지배 체제를 완성하고 대륙침략을 위해 군사령부와 예야 각 작전부대 간 원활한 통신망이 필요했다. 일제의 군사지배 정책과 대륙 침략수단으로 탄생된 용산 무선전신국은 용산기지 내에 설치되어 군과 관련한 중요 정보와 첩보를 유통하는 통신기지국이었다. 특히 러시아의 남하를 막고 국경수비를 강화하기 위해 압록강과 두만강 일대 요충지에 배치한 국경수비대와 긴밀한 정보 작전을 실시했다.

이후 일제가 패망하고 일본군의 무장 해제와 항복을 위해 하지 장군이 이끄는 미 24군단 병력이 용산기지에 입성한다. 하지 장군은 1945년 9월 서울에 도착했는데, 그 이전인 8월 31일부터 용산기지의 고즈키 사령관과 무선 연락을 주고받았다. 당시 무신 전신이 이루어졌던 곳이 바로 경성무선전신국 용산송신소였다. 현재는 당시 흔적이 전혀 남아 있지 않지만 1927년 제작된 '용산시가도'를 보면 현 국립중앙박물관 왼편에 위치했음을 알 수 있다.

1948년 9월, 미육군 제7보병사단 통신·시설공병대 항공사진(옛 무선전신국 위치 일대)

⑤

용산 미군기지 첫 반환부지
용산가족공원

📍 서빙고로 137

2018년 10월, 용산가족공원 잔디마당

용산가족공원과 국립중앙박물관 부지는 과거 미8군 골프장으로 이용되었다. 일제강점기에는 일본군 연병장으로 활용했던 땅으로 한강 백사장과 경원선 철도와 접해 있었다. 두 시기 모두 시설물을 설치하여 활용되기보다 시대에 따라 군사적, 레크리에이션 목적으로 이용되었던 곳이다.

1989년 5월, 고건 서울시장은 기자회견을 통해 미8군 이전적지 92만 3천 평과 한국군 시설부지(국방부, 육군본부, 조달본부 부지 포함) 13만 3천 평을 합한 105만 6천 평 모두를 시민자연공원으로 조성하겠다고 발표했다. 당시에는 미8군 이전적지와 골프장 부지 역시 서울시청 이전부지로 활용하자는 주장이 있었다. 또 청년건축가협의회 등 일부에서는 서울의 심각한 주택난 해결을 위해 용산기지의 절반만이라도 저소득층을 위한 공공임대 주택단지로 개발하자는 의견이 있었다. 하지만 고건 서울시장은 서울시 내에 주택 공급이 가능한 4백만 평의 택지가 남아 있으니 공원화하는 것이 바람직하다고 주장했다.

서울시는 국방부와 미군에 대체 골프장(성남 골프장)을 조성해 주는 조건으로 미8군 골프장 부지 인수를 협의했고, 국방부는 1990년 6월에 미8군 골프장 부지 일부를 서울시에 매각했다. 서울시는 1년이 지난 1991년 6월 미8군 골프장이 폐쇄되자 곧바로 공원 조성사업에 착수했고, 1992년 11월 공원을 개원했다. 미8군 골프장에 남아 있던 잔디밭과 연못을 최대한 활용했기에 17개월이라는 짧은 공사기간 안에 공원 조성이 가능했다.

용산시민공원(현 용산가족공원)이 개원되고 얼마 후 1995년 8월 15일, 경복궁 흥례문 일대에 세워져 있던 조선총독부 건물이 철거되었다. 이 건물은 국립중앙박물관으로 활용되고 있었기 때문에 박물관 이전부지에 대한 관심이 높았다. 1993년 용산 미8군 기지 이전 계획이 무기한 연기되면서 용산가족공원과 남산 수도방위사령부 터가 후보지로 선정되었다. 좌충우돌 끝에 당시 문화체육부는 1995년 10월 국립중앙박물관 기본 디자인을 확정했고, 약 10년이 지난 2005년 10월 옛 미8군 골프장 부지에 국립중앙박물관을 신축하여 이전 개관했다.

현재는 12만 평이나 되는 부지 그 어디에서도 미군기지로 활용되었던 흔적을 찾아보기 어렵게 되었다. 2020년 용산공원 조성지구로 편입되어 용산공원 기본설계 변경계획이 진행 중이다. 이 땅의 역사적 치유, 도시와의 연결 회복은 어떻게 이루어질지 궁금하다.

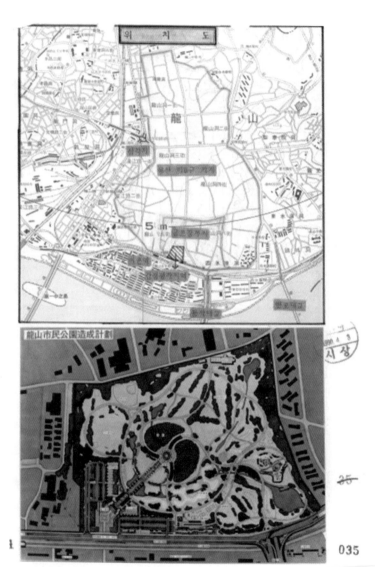

1990년 4월, 용산가족공원 부지 감정평가지역 위치도 및 용산가족공원 계획(안)

龍山 家族公園 造成

1991년 확정한 용산가족공원 기본설계 조감도

6

국민을 처음 맞이한
용산공원 부분개방부지

용산공원 부분개방부지 영상

 서빙고로 221

2020년 8월, 용산공원 부분개방부지 중앙마당

용산공원 부분개방부지는 지하철 경의중앙선 서빙고역 건너편에 있다. 흔히 '용산 미군 장교숙소 5단지'라고 불리는 이곳에는 지상 2~3층 규모의 붉은색 벽돌로 마감된 주택 16동과 관리소, 탁아소까지 총 18동으로 이루어져 있다.

이 부지는 1970년대까지 미군헬기장으로 사용되다가 1986년 한국 정부에 약 1만 5천 평이 공식 반환되어 대한주택공사(현 한국토지주택공사(LH))가 미군 장교숙소를 건설해 2019년 말까지 임대·운영했다. 임대주택은 16동(129가구 수용)을 지어 35년 동안 미군에 임대했고, 미군은 이를 장교숙소로 사용했다. 많은 미군 가족이 거쳐 간 장교숙소는 시대에 따라 로링 빌리지, 블랙 호크빌리지로 불렸다.

2020년 8월 용산 미군 장교숙소 5단지가 국민들에게 개방되었다. 장교숙소에서 서빙고로와 접해 있는 옛 출입구 부분에 세워져 있던 콘크리트 담장 15m를 허물고 용산공원 부분개방부지의 새로운 입구를 조성했다. 그리고 장교숙소 16동 중에서 5동은 미군기지의 삶을 이해할 수 있는 공간들로 조성하여 공개했다. 반환 당시 모습 그대로 국민들에게 처음 개방된 것이다. 미군기지 이전을 처음 이야기했던 1988년으로부터 32년 만에 용산공원의 실체를 드러내 국민들이 체감할 수 있도록 했다는 점에서 의미가 깊다.

용산공원 부분개방부지는 남산~용산공원~한강을 연결하는 길목에 위치하여 용산가족공원과 연계·활용할 수 있는 부지. 그 옆으로 6·25전쟁 기간 동안 미8군이 용산기지를 복구하면서 군수품의 효율적인 운반을 위해 서빙고 역에서 용산기지 내로 설치해 운용했던 지선인 폐철도가 남아 있다. 상상력을 발휘하면 이 또한 무궁한 활용으로 이어질 수 있다.

앞으로 용산공원에서 펼쳐나가야 할 이야기는 단순히 공원이라는 녹지공간을 조성하는 과정을 담는 데 그치면 안 된다. 국민과 시대를 담는 그릇으로서 과거와 현재 그리고 미래를 함께 꿰어 가는 공간으로 성장시킬 수 있는 소통 창구가 되어야 할 것이다.

2021년 3월, 용산공원 부분개방부지(옛 장교숙소 5단지) 전경

1960년 서빙고역 앞 일대 항공사진

- 1973년 용산 미군기지 사우스포스트 내 철도와 헬기장
- 2020년 4월, 용산 미군기지 사우스포스트 폐철도

에필로그

'공원도시'와 '사회적 자본', 우리 사회의 숙제

용산기지 본체 부지의 반환과 공원화 첫 단계

2020년은 용산공원 조성 과정에 있어 큰 변곡점이었다. 2020년 12월 주한미군 지위협정(이하 SOFA) 합동위원회를 통해 주한미군에게 공여한 용산 미군기지 부지 일부 반환 절차를 완료했기 때문이다. 2004년 12월에 용산기지 이전합의서(UA/IA) 체결 후 2017년 미8군 사령부, 2018년 주한미군사령부 등 주요 사령부가 평택 험프리스 기지로 이전을 완료했다. 시설 이전 작업에만 그치지 않고 반환 절차가 이루어지면서 약 16년 만에 반환부지가 생겨나게 된 것이다.

반환부지는 사우스포스트 지역으로 '용산 미군기지 장교숙소 5단지' 내 소프트볼장과 국립중앙박물관 북측에 접해 있는 스포츠 필드가 되었다. 역사·문화적 가치가 있는 부지는 아니지만, 주한미군에 공여된 용산 미군기지 전체에서 '용산공원 조성 특별법'에 따라 공원 조성지구인 본체 부지의 반환이 시작되었다는 점에서 반가운 소식이다.

게다가 2021년부터는 용산 미군기지의 약 50만㎡ 추가 반환과 한미연합군사령부(ROK-US CFC) 이전이 차례대로 진행되었고, 2022년 국방부 부지로 대통령실이 옮겨오면서 사우스포스트 지역에는 '용산어린이정원'이 조성되어 운영 중이다. 이제는 용산기지 이전 사업(Yongsan Relocation Plan, 이하 YRP사업)의 종결과 용산공원 조성의 첫 단추를 꿰는 과도기적 시기가 눈앞에 다가온 것이다.

- 2019년 7월, 용산기지 내 사우스포스트 스포츠필드(1)
- 2019년 7월, 용산기지 내 사우스포스트 스포츠필드(2)
- 2021년 8월, 전쟁기념관 옆 반환부지

용산 미군기지의 면적은 서울 여의도와 비슷한 수준이다. 기지를 방문해 보면, 군사지역이라는 느낌보다 미국 교외 지역의 작은 도시와 같은 인상이 든다. 주거지역, 업무지역과 연결된 도로(미8군도로:메인포스트~사우스포스트 남·북 연결도로) 주변으로 커뮤니티와 교육·종교·편의 등 각종 기반시설이 집중되어 있다. 필자가 용산기지를 처음 출입했을 때와 비교해 보면 지금 용산 미군기지 내 상황은 유령도시 같은 느낌이 들 정도로 한산하다.

용산 미군기지 내에 사용하지 않는 건물과 폐쇄지역이 점차 확대되고 있다. 이에 2020년부터 서울시와 국토교통부(이하 국토부)는 주한미군과의 협의를 통해 용산 미군기지 시설물 현황 조사를 진행해 오고 있다. 문화유산적 가치의 시설물 선정 및 향후 활용 가능성이 있는 시설물의 유지·관리를 어떻게 해나가야 하는지에 대한 대안을 마련해 나가는 계기가 되길 바란다.

대통령실이 용산으로 이전한 것이 용산기지 반환과 공원 조성에 큰 모멘텀으로 작용하지 않을까 하는 기대감도 있었다. 용산 미군기지 이전 및 반환 협상은 정치적 상황, 한반도의 긴장 상태, 시민사회의 움직임 등 다양한 영역의 힘이 맞물려 작용하기에 쉽게 해결될 수 없다.

그렇다면 1990년대부터 지금까지 약 30~35여 년 동안 흘러온 것처럼 앞으로 더 많은 시간을 소요해야 하는 걸까. 앞으로는 지난 시대의 전과정을 반면교사 삼아 갈등의 이슈들을 하나씩 소거하면서 '용산공원'이라는 국가공원 조성을 이뤄가고 '공원도시'로 변모시켜 나가야 할 것이다.

'용산공원 조성으로 공원도시 만들기'는 사회의 다양한 구성원들이 협력하고, 상호 존중하는 태도를 견지해야 한다. '경제적 자본'만 중시하는 분위기에서 이를 능가하는 '사회적 자본'에 대한 가치를 높이 평가하는 사람들이 많이 늘어나길 바란다. 용산 미군기지 반환 속도가 가속화되고 개방 부지가 확대되는 수준만큼이나 도시 환경과 유·무형의 사회적 기반이 성장해나갈 수 있어야 한다. 이것은 곧 서울의 도시경쟁력과 삶의 질 향상에도 기여하기 때문이다.

- 2019년 6월, 사우스포스트 내 비워진 옛 편의시설
- 2021년 10월, 캠프킴 17번 게이트 일대

최근 공공영역의 움직임

국토부는 2020년 12월, 용산공원 조성지구를 당초 242만㎡라고 발표했던 구역에서 국립중앙박물관, 전쟁기념관, 용산가족공원, 옛 방위사업청 부지(초대 해병대사령부 부지), 군인아파트 부지를 편입하여 300만㎡ 면적을 공원구역으로 확정 고시했다. 이는 1990년대 초 서울시의 '용산 미군기지 이전적지 공원화 계획'에서 설정한 공원구역에 매우 근접한 모양과 면적으로 결정된 결과이다. 30년 전의 용산공원 경계구역은 마치 우리 모두의 가슴 속에서 뛰고 있는 심장과 흡사한 모양이다.

최근 2년간 공원 조성과 관련하여 변경된 여건들을 반영하여 용산공원 기본설계 및 조성 계획안 변경이 이루어졌고, 용산 미군기지 부지를 단계별 부분 환환과 함께 국민들에게 개방해 나간다는 큰 틀 속에서 계획이 하나씩 진행되고 있다. 물론 2024년 현 시점에서 발생하는 현안들을 보면 무슨 진척이 있냐는 지적을 받을 수 있지만, 한 발 뒤로 물러나서 흘러온 과정을 보면 긍정적으로 평가할 부분들도 있다. 2019년 용산공원 경계 밖인 캠프킴 부지 내에서 처음 시도되었던 서울시의 '용산공원 갤러리' 조성 및 운영에서부터 2024년 용산공원 부분개방부지와 용산어린이정원 구역까지 확대되었다. 최근 4~5년간의 변화는 지난 20여 년 동안 해온 일들을 몇십 배나 더욱 값지고 뜻깊게 만드는 과정이었다. 이에 대해서 앞으로 평가절하하거나 다시 원점으로 되돌리는 일들이 일어나지 않게 해야 한다.

부족하거나 미흡한 점이 있다면 이를 보완하고 개선해 나가는 태도가 필요하기에 '사회적 자본'의 중요성과 필요성을 계속 강조하는 바이다. 용산 미군기지 반환과 개방 과정 속에서 국민들의 참여 기회를 마련하고, 기후변화 등 환경적 대응에 충실할 수 있는 정책을 담아가는 노력도 아껴서는 안 된다.

'용산 미군기지와 도시산책'이라는 작은 책자를 준비하면서 꼭 던지고 싶은 메시지가 있다. 2024년 현재 용산 미군기지의 국가공원화 지역과 국민들의 대표인 '대통령'이 근무하는 공간이 나란히 존재한다. 앞으로 두 공간이 어떻게 잘 어울려 운영될지 의문이다. 두 공간의 공통점은 '국민의, 국민에 의한, 국민을 위한' 공간이다. 이 공간이 곧 국가상징의 공간이 될 수도 있다고 본다. 정치적 영역을 초월하여 앞으로 두 공간을 어떻게 만들어 가야 할지에 대한 지혜로운 방안을 지금부터 꾸려야 할 것이다. 그저 선거 때가 다가오면 그때의 분위기로 휘말려가게 두어서는 안 될 일이다.

시기	1980년대 (1987~1989)	1990년대 (1990~1999)	2000년대 (2000~2009)	2010년대 (2010~2020)
부지활용	주거 개발 vs. 공원 조성	민족역사공원	도시공원 vs. 생태공원	단일생태공원 (역사문화공원 포괄)
	1987 용산기지 이전 공약 (노태우 대통령 후보) 1988 용산기지 이전 검토 지시 (노태우 대통령)	1990 용산기지 이전 합의서 체결 1991 서울시, 용산 군 이적지 활용 방안과 기본계획 1992 용산가족공원 개장 1993 용산기지 이전 협상 중단	2002 용산기지 이전 재개 2004 용산기지 이전협정(UA, IA) 국회비준 동의 2004 서울시, 용산 군 이전적지 활용 구상 2005 국무조정실, 용산민족역사 공원 건립추진단 설치 2006 노무현 대통령, 용산기지 공원화 선포식 2007 용산공원조성특별법 제정 2008 국토해양부 용산공원조성 추진기획단 설치 2009 서울시, 용산공원 기본구상	2011 용산공원 정비구역 지정 및 종합기본계획 확정 고시 2012 용산공원 설계국제공모 당선작 선정 2014 용산공원 종합기본계획 변경 결정 고시 2016 국토부, 용산공원 콘텐츠 선정 공청회 개최 2018 서울시, 용산기지 캠프킴에 용산공원 시민소통공간 설치 2020 국토부, 용산기지 옛 정크 숙소5단지 대국민 개방 2020 용산공원 정비구역 확정고시 - 전쟁기념관, 국립중앙박물관, 옛 방위사업청 및 군인아파트 부지 공원 조성지구로 편입

앞으로의 숙제는 '함께, 사회적 자본이 넘치는 도시를 만들어가는 일!'

 남은 숙제는 크게 세 가지이다. 첫 번째는 용산 미군기지 내 드래곤힐호텔 일대 부지 반환, 두 번째는 용산공원과 대통령실과의 관계 설정, 세 번째는 미 대사관 이전과 대사관 직원 숙소에 대한 구체적 해결책 마련이다. 이 과정에서 빠지지 않아야 할 것은 반환부지의 환경조사와 정화사업 방안이다. 이 모든 것들은 외교적 관계와 직·간접적 영향을 받는 사항이라 정치적 역학 속에서 결정될 수밖에 없다. 중앙정부 관계기관장, 정치계 인사들은 기지 내 폐쇄 시설의 유지와 온전한 기지 반환이 이루어질 수 있도록 포괄적인 사업 관리에 대한 지원 방안 마련에 힘써야 한다. 지역과 시민사회가 요구하는 환경오염 정화를 비롯한 일제강점기 한반도 침탈의 심장부였던 부지 위에 한미동맹의 상징 공간이었던 용산 미군기지 시설을 어떻게 기록하고 활용할 수 있을지 고민해야 한다.

 앞서 언급한 것들은 국토부만의 숙제가 아닌 서울시와 대한민국 구성원 전체의 숙제로 여겨야 한다. 그 중심에 국토부와 서울시 중심의 협력적 거버넌스가 필요하다. 용산공원 조성사업의 가치와 의미는 서울 중심에 100만 평에 이르는 거대한 녹지숲 조성에 한정되는 것이 아니다. 이 공원은 대한민국의 근현대사의 프리즘이요, 현세대가 미래 세대에게 물려주고 공유해야 할 유산으로 삼아야 한다.

 '공원'이라는 단어는 '녹색지대'를 말하는 것이 아니다. 과거 도시의 동력이 '공장'이었다면 미래도시의 동력은 '공원'인 시대가 되었다. 용산기지 공원화 사업은 조경만의 영역도 아니요, 도시계획만의 영역도 아니다. 우리 사회가 모두 협력하고, 지혜를 모아야 가능한 것이다. 그 과정에서 우리 사회가 시민의식을 성숙시키고, 공공자산과 공공공간 확보를 통해 얻을 수 있는 사회적 자본(Social Capital)을 형성하고 키워나가는 과정으로 만들어야 한다는 것이다.

 '공원도시와 인문도시'에 대한 사회적, 학문적 활동도 더욱 활발히 해나가야겠다는 약속을 이 책의 말미에 남겨 놓으려 한다. 초심이 흔들리지 않게.

- 2020년 8월, 미 대사관 직원 숙소 단지 일대
- 2021년 8월, 용산 미군기지 헬기장, 드래곤힐호텔 일대

6·25전쟁 기간 중 미8군의 용산 재배치와 용산의 시설들이 재건되기 시작했고, 1960년대까지 전쟁으로 파괴된 건물들과 공여지 내 필요한 기반 시설들이 재조성되면서 용산 미군기지는 상설 주둔형 공간들을 형성하게 되었다. 이를 바탕으로 미군들은 안정된 물자 보급과 생활 여건을 확보하게 되었다. 기존에 남겨진 일본군 장교숙소의 부지 형태 또는 외형을 크게 변형시키지 않고 내부 리모델링을 하여 사용했다. 일부 단지에는 미국식 생활에 적합한 형태의 평면을 가진 주택의 유형도 나타나기 시작했다. 1970년대로 접어들면서 주한미군 철수와 미군부대 재배치 등으로 인해 용산 미군기지의 주거 시설물도 2~3층의 저층 아파트 형태가 나타나는 등 변화의 물결이 찾아왔다.

1952년 10월, 재건 중인 용산 미군기지 제79건축공병대대

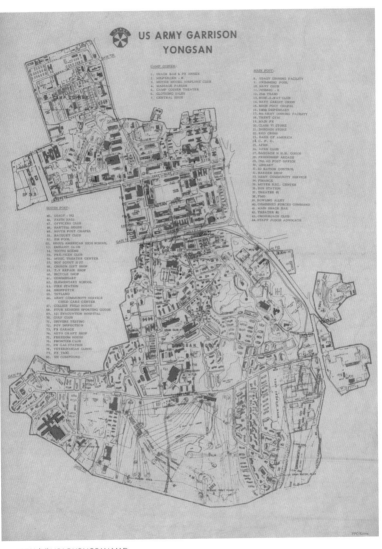

1970년대 USAG YONGSAN MAP

- 1956년 11월, 하텔하우스 옛 모습
- • 2018년 6월, 하텔하우스 오늘날 모습

하텔하우스는 용산 미군기지 사우스포스트에 위치하고 있으며, 연면적 890㎡의 지상 1층 규모를 가지고 있다. 이 건물은 1908년 10월에 준공하여 일제강점기에는 사단장의 관사로 활용한 건물이다. 1916년 2월 현재의 위치로 이전했고, 1972년 6월에 증축한 이력을 가지고 있다. 6·25전쟁 이후에는 고위 장성급이 이용하는 식당으로 활용되면서 진입도로와 주변 조경까지 잘 관리되던 시설이다.

장교숙소

● 1953년 11월, 미8군 장교숙소 외관
●● 1955년 10월, 용산 미군기지 내 주택 복구

- 1956년 5월, 재건 중인 장교관사 시범주택 중 2746번 건물
- 1956년 5월, 장교숙소로 지어진 2750번 건물

- 1977년 7월, 사우스포스트에 있는 장교 가족 숙소
- 1977년 7월, 3인 독신 장교숙소 외관

- 1977년 7월, 3인 독신 장교숙소
- •• 1977년 7월, 하사관 개인 숙소

교육시설

- 1963년 12월, 서울 아메리칸 초등학교
- 1977년 7월, 서울 아메리칸 고등학교

서울 아메리칸 스쿨은 용산과 기타 미군기지에 근무하는 군인과 민간인 자녀를 대상으로 하는 미국 국방부 산하의 교육기관(DoDEA School)이다. 초등학교 SAES(Seoul American Elementary School)와 중학교 SAMS(Seoul American Middle School), 고등학교 SAHS(Seoul American High School) 3개교로 이루어졌다. 학제를 살펴보면, 초등학교 SAES는 유치원과 5년제(grades K-5), 중학교 SAMS는 3년제(grades 6-8), 고등학교 SAHS는 4년제(grades 9-12)를 채택하고 있다. 미국의 학제는 지역에 따라 자율적으로 운영되는데, <6-3-3제>, <8-4제>, <6-6제>, <5-3-4제> 등으로 다양하다.

  서울 아메리칸 스쿨은 1959년 가을에 개교했다. 당시 용산기지에는 가족 단위의 관사들이 대거 지어지고 있었는데, 동반 자녀들의 교육을 위해 관사 건립과 같은 시기에 학교들도 문을 열었던 것이다. 개교 첫해 신입생은 고등학교 약 150명, 초등학교 300여 명 정도였으며, 대구, 부산, 진해 등에서 상경한 미군 자녀들은 기숙사 생활을 해야 했다. 이 초등학교는 국방부 산하 학교들 중 규모가 큰 편에 속했다. 고등학교의 경우 높은 학업성취도(미국 상위 15% 이내)를 보이는 명문고로서 2019년 6월 폐교될 때까지 약 5,900명의 졸업생을 배출했다. 초등학교 역시 전교생 약 1,100명에 교직원이 120명에 달하는 큰 규모였으며, 학생들의 학업성적 또한 매우 우수했다. 교과목은 미국의 표준과목들 외에 한국문화, 예술, 음악, 체육, 컴퓨터 등의 특별수업을 진행했다. 서울 아메리칸 스쿨 학생들은 자신들이 휴전선에서 불과 50km밖에 떨어지지 않은 군사적 긴장 상황에 있음을 명확히 인식하고 있었다. 그럼에도 학교 공동체의 유대감 속에서 안정적으로 학업을 이어갔으며, 교실 안팎의 경험을 통해 한국과 한국문화에도 적응해 갔다.

• 1964년 1월, 용산 미군기지 사우스포스트 콜리어 필드 하우스
•• 2003년 11월, 럼스펠드 미 국방장관 콜리어 필드 하우스 방문 (1)
•••2003년 11월, 럼스펠드 미 국방장관 콜리어 필드 하우스 방문 (2)

 이 건물은 실내체육관으로 미국 오마바 대통령과 럼스펠드 국방장관, NBA 유명 농구선수인 매직 존슨을 비롯한 미국 유명인사가 방문하여 주한미군들과 만남을 가지는 장소로 활용되었다. 주한미군 장병들의 사기를 높이는 등 각종 문화행사가 많이 열렸던 상징적 장소였다. 2023년 5월에 개장한 용산어린이정원이 조성되면서 이 건물은 역사의 기록에서만 만나볼 수 있게 되었다.

- 1953년 11월, 용산극장
- • 1964년 1월, 메인포스트 미8군사령부·유엔군사령부 청사 앞에 위치한 도서관

- 1974년 2월, 오늘날 한미연합군사령부 청사 뒤편에 있는 메인포스트 채플 전경
- 1964년 1월, 용산 미군기지 PX

- 1977년 7월, 메인포스트 모이어 레크리에이션 센터 외관
- •• 1977년 7월, 사우스포스트 커미서리(상점) 외관

용산 커뮤니티 카니발(1976년 5월 28일~31일)

- 아이들의 놀이기구가 된 지게차
- 축제 마지막날 거리 매점들

- 미8군도로 위를 달리는 꼬마기차
- 폐차를 활용한 참여 프로그램

사진출처

9 RG 80-G USN 354092 ⓒ미국국립문서기록관리청, 김홍렬 수집

11 RG 127-GK NO NUMBER ⓒ미국국립문서기록관리청, 김홍렬 수집

11 RG 338 O-37-3 N-8 ⓒ미국국립문서기록관리청, 김홍렬 수집

11 RG 338 O-38-5 N-5 ⓒ미국국립문서기록관리청, 김홍렬 수집

12 RG 111-SC 431339 ⓒ미국국립문서기록관리청, 김홍렬 수집

14 ⓒ김홍렬 촬영

26 위 RG 111-SC 308850 ⓒ미국국립문서기록관리청, 김홍렬 수집

26 아래 ⓒ김홍렬 촬영

28 ⓒ김홍렬 촬영

29 위, 아래 ⓒ김홍렬 촬영

30 위 RG 111-SC 449867 ⓒ미국국립문서기록관리청, 김홍렬 수집

30 아래 ⓒ김홍렬 촬영

32 위, 김홍렬 소장

32 아래 ⓒ김홍렬 촬영

34 위 RG 111-CC 106620 ⓒ미국국립문서기록관리청, 김홍렬 수집

34 아래 ⓒ김홍렬 촬영

35 위 ⓒ김홍렬 촬영

35 아래 ⓒ김홍렬 촬영

36 위 RG 80-G USN 354092 ⓒ미국국립문서기록관리청, 김홍렬 수집

36 아래 ⓒ김홍렬 촬영

38 ⓒ일본국립국회도서관, 김홍렬 수집

39 서울역사박물관 소장

40 위, 김홍렬 소장

40 아래 DF-SD-03-09705 ⓒ미국국립문서기록관리청, 김홍렬 수집

42 위 RG 111-SC 460518 ⓒ미국국립문서기록관리청, 김홍렬 수집

42 아래 ⓒ김홍렬 촬영

43 위 ⓒ김홍렬 촬영

43 아래 DD-SD-00-01522 ⓒ미국국립문서기록관리청, 김홍렬 수집

44 위 RG 111-SC 308854 ⓒ미국국립문서기록관리청, 김홍렬 수집

44 아래 ⓒ김홍렬 촬영

46 위 RG 111-CC 95071 ⓒ미국국립문서기록관리청, 김홍렬 수집

46 아래 ⓒ김홍렬 촬영

48 위 RG 111-CC 95124 ⓒ미국국립문서기록관리청, 김홍렬 수집

48 아래 ⓒ김홍렬 촬영

50, 51 ⓒ김홍렬 촬영

52 위 RG 111-SC 494616 ⓒ미국국립문서기록관리청, 김홍렬 수집

52 아래 RG 111-CC 84230 ⓒ미국국립문서기록관리청, 김홍렬 수집

53 위 RG 111-SC 529699 ⓒ미국국립문서기록관리청, 김홍렬 수집

53 아래 RG 111-CC 100386 ⓒ미국국립문서기록관리청, 김홍렬 수집

54 위 RG 111-SC 494617 ⓒ미국국립문서기록관리청, 김홍렬 수집

54 아래 ⓒ김홍렬 촬영

55 위 RG 111-CC 48793 ⓒ미국국립문서기록관리청, 김홍렬 수집

55 아래 ⓒ김홍렬 촬영

60 위 RG 342-FH 4A 25749 ⓒ미국국립문서기록관리청, 김홍렬 수집

60 아래 ⓒ김홍렬 촬영

62 김홍렬 소장

63 RG 342-FH 4A 38750 ⓒ미국국립문서기록관리청, 김홍렬 수집

64 위, 김홍렬 소장

64 아래 ⓒ김홍렬 촬영

65 陸軍省-密大日記 M40-1-8 ⓒ일본방위성방위연구소, 김홍렬 수집

66 위 RG 342-FH 4A 25727 ⓒ미국국립문서기록관리청, 김홍렬 수집

66 아래 ⓒ김홍렬 촬영

67 RG 111-SC 308849 ⓒ미국국립문서기록관리청, 김홍렬 수집

68, 70, 71, 72, 74, 76 ⓒ김홍렬 촬영

78 위, 아래 ⓒ김홍렬 촬영

79 SEOUL MAP, 서울역사박물관 소장

80 ⓒ김홍렬 촬영

81 ⓒ김홍렬 제작

82 위, 아래 ⓒ김홍렬 촬영

83, 84, 86 ⓒ김홍렬 촬영

87 김홍렬 소장

88 ⓒ김홍렬 촬영

94 위 RG 111-SC 608239 ⓒ미국국립문서기록관리청, 김홍렬 수집

94 아래 ⓒ김홍렬 촬영

96 왼쪽, 오른쪽 ⓒ김홍렬 촬영

98 ⓒ김홍렬 촬영

99 RG 111-SC 431811 ⓒ미국국립문서기록관리청, 김홍렬 수집

100, 102, 105, 106 ⓒ김홍렬 촬영

108 위 RG 111-SC 462960 ⓒ미국국립문서기록관리청, 김홍렬 수집

108 아래 ⓒ김홍렬 촬영

111 위 RG 111-SC 462957 ⓒ미국국립문서기록관리청, 김홍렬 수집

111 아래 RG 111-SC 298521 ⓒ미국국립문서기록관리청, 김홍렬 수집

116 위, 아래 ⓒ김홍렬 촬영

118 YG815-2699 ⓒ일본국립국회도서관, 김홍렬 수집

119 위, SEOUL MAP, 김홍렬 소장

119 아래, 서울역사박물관 소장

120, 122 ⓒ김홍렬 촬영

123 김홍렬 소장

124, 126 위 ⓒ김홍렬 촬영

126 아래 ⓒ김홍렬 촬영

128 위, 아래 ⓒ김홍렬 촬영

129 위, 아래 ⓒ김홍렬 촬영

130 ⓒ김홍렬 촬영

131 김홍렬 소장

132, 133, 134 ⓒ김홍렬 촬영

135 김홍렬 소장

140, 142, 143, 144, 146 ,147 ⓒ김홍렬 촬영

148 위 ⓒ해병대사령부 기념관

148 아래 ⓒ김홍렬 촬영

151 위 ⓒ김홍렬 촬영

151 아래 ⓒ김홍렬 촬영

152 ⓒ김홍렬 촬영

154 RG 111-SC 308856 ⓒ미국국립문서기록관리청, 김홍렬 수집

155 왼쪽, 오른쪽 ⓒ김홍렬 촬영

156 위, 김홍렬 소장

156 아래 ⓒ김홍렬 촬영

158 RG 111-SC 621920 ⓒ미국국립문서기록관리청, 김홍렬 수집

159 滿洲-朝鮮-318_朝鮮陸軍倉庫　第29号 ⓒ일본방위성방위연구소, 김홍렬 수집

160 ⓒ김홍렬 촬영

161 위, 아래 ⓒ김홍렬 촬영

162 위 RG 111-SC 354972 ⓒ미국국립문서기록관리청, 김홍렬 수집

162 아래 ⓒ김홍렬 촬영

164 위 RG 111-SC 308855 ⓒ미국국립문서기록관리청, 김홍렬 수집

164 아래 RG 111-SC 526331 ⓒ미국국립문서기록관리청, 김홍렬 수집

165 위 RG 127-GK A4994 ⓒ미국국립문서기록관리청, 김홍렬 수집

165 아래 NARA ONLINE WEB ⓒ미국국립문서기록관리청, 김홍렬 수집

166, 172, 174, 176 ⓒ김홍렬 촬영

177 陸軍省-密大日記M40-1-8 ⓒ일본방위성방위연구소, 김홍렬 수집

178 ⓒ김홍렬 촬영

179 왼쪽, 오른쪽 ⓒ김홍렬 촬영

180 위 RG 111-SC 451813 ⓒ미국국립문서기록관리청, 김홍렬 수집

180 아래 ⓒ김홍렬 촬영

181 RG 342-FH 4A 25740 ⓒ미국국립문서기록관리청, 김홍렬 수집

182, 184, 186, 188, 189 ⓒ김홍렬 촬영

190 위 RG 111-SC 303162 ⓒ미국국립문서기록관리청, 김홍렬 수집

190 아래 ⓒ김홍렬 촬영

196 ⓒ김홍렬 촬영

197 RG 111-SC 608239 ⓒ미국국립문서기록관리청, 김홍렬 수집

198, 199, 200 ⓒ김홍렬 촬영

202 RG 127-GK A131289 ⓒ미국국립문서기록관리청, 김홍렬 수집

203 RG 342-FH 4A 39295 ⓒ미국국립문서기록관리청, 김홍렬 수집

204, 205, 206 ⓒ김홍렬 촬영

209 위, 아래 ⓒ김홍렬 촬영

210, 212 ⓒ김홍렬 촬영

213 RG 111-SC 308851 ⓒ미국국립문서기록관리청, 김홍렬 수집

214 ⓒ김홍렬 촬영

216, 217 서울기록원 소장

218, 219 ⓒ김홍렬 촬영

220 김홍렬 소장

221 김홍렬 소장

221 ⓒ김홍렬 촬영

223 위, 가운데, 아래 ⓒ김홍렬 촬영

225 위, 아래ⓒ김홍렬 촬영

227 2021 서울시·서울기록원 공동 주최 제1회 기록 카탈로그 세미나 김홍렬 발표자료 발췌

228 위, 아래 ⓒ김홍렬 촬영

230 RG 338 O-37-3 N-8 ⓒ미국국립문서기록관리청, 김홍렬 수집

231 김홍렬 소장

232 위 RG 111-SC 494623 ⓒ미국국립문서기록관리청, 김홍렬 수집

232 아래 ⓒ김홍렬 촬영

234 위 RG 111-SC 160325 ⓒ미국국립문서기록관리청, 김홍렬 수집

234 아래 RG 111-SC 497889 ⓒ미국국립문서기록관리청, 김홍렬 수집

235 위 RG 111-SC 496659 ⓒ미국국립문서기록관리청, 김홍렬 수집

235 아래 RG 111-SC 496658 ⓒ미국국립문서기록관리청, 김홍렬 수집

236 위 RG 111-CC 106635 ⓒ미국국립문서기록관리청, 김홍렬 수집

236 아래 RG 111-CC 106636 ⓒ미국국립문서기록관리청, 김홍렬 수집

237 위 RG 111-CC 106636 ⓒ미국국립문서기록관리청, 김홍렬 수집

237 아래 RG 111-CC 106640 ⓒ미국국립문서기록관리청, 김홍렬 수집

238 위 RG 111-SC 610060 ⓒ미국국립문서기록관리청, 김홍렬 수집

238 아래 RG 111-CC 106638 ⓒ미국국립문서기록관리청, 김홍렬 수집

240 위 RG 111-SC 612129 ⓒ미국국립문서기록관리청, 김홍렬 수집

240 아래 왼쪽 DF-SD-07-23872 ⓒ미국국립문서기록관리청, 김홍렬 수집

240 아래 오른쪽 DF-SD-07-23875 ⓒ미국국립문서기록관리청, 김홍렬 수집

241 위 RG 111-SC 460329 ⓒ미국국립문서기록관리청, 김홍렬 수집

241 아래 RG 111-SC 612128 ⓒ미국국립문서기록관리청, 김홍렬 수집

242 위 RG 111-CC 95074 ⓒ미국국립문서기록관리청, 김홍렬 수집

242 아래 RG 111 SC 612127 ⓒ미국국립문서기록관리청, 김홍렬 수집

243 위 RG 111-CC 106633 ⓒ미국국립문서기록관리청, 김홍렬 수집

243 아래 RG 111-CC 106630 ⓒ미국국립문서기록관리청, 김홍렬 수집
244 위 RG 111-CC 100239 ⓒ미국국립문서기록관리청, 김홍렬 수집
244 아래 RG 111-CC 100235 ⓒ미국국립문서기록관리청, 김홍렬 수집
245 위 RG 111-CC 100236 ⓒ미국국립문서기록관리청, 김홍렬 수집
245 아래 RG 111-CC 100234 ⓒ미국국립문서기록관리청, 김홍렬 수집

참고문헌

정부간행물

국토교통부,『용산공원정비구역 종합기본계획 변경계획』, 2011, 2014, 2020

서울역사박물관,『이태원, 공간과 삶』, 2012

서울역사박물관,『후암동, 두텁바위가 품은 역사 문화주택에 담긴 삶』, 2015

서울역사박물관,『후암동』, 2016

서울특별시,『서빙고동 부군당 정밀실측보고서』, 2016

서울특별시,『용산공원의 세계유산적 가치』, 2015

서울특별시사편찬위원회,『내 고향 서울 3권 서울의 하천』, 2000

용산구청,『역사문화명소 100선』, 2020

용산문화원,『용산향토사료편람(IX) 용산의 역사문화 여행』, 2018

정재정,『철도와 근대 서울』, 국학자료원, 2018

인터넷 자료

국가보훈처 공훈전자사료관 원문사료실, "김상옥의 종로경찰서 폭파"

민족문제연구소, "식민지 조선에도 난데없이 연합군포로수용소가 만들어진 까닭은?", 2018.

민족문제연구소, "일본 개신교의 가마쿠라보육원으로 변신한 후암동 '전생서' 옛 터 결국 양화진외국인묘지에 묻힌 소다 카이치 원장", 2020.

한국민속신앙사전, 부군당[府君堂]

한국민속신앙사전, 서빙고동부군당

한국사데이터베이스, 이봉창 재판기록-대한민국임시정부자료집 30권 한인애국단 III

인터넷 사이트

민주화운동기념관 https://dhrm.or.kr

백범김구선생기념사업협회 http://www.kimkoo.or.kr

서울역사아카이브 https://museum.seoul.go.kr/archive/NR_index.do

한국사데이터베이스 http://db.history.go.kr

논문

강혜경, 「숙명여고보 맹휴사건으로 본 식민지 여성교육」, 한국독립운동사연구 제37집, 2010.

강혜경, 「일제시기 여성의 고등교육과 숙명여자전문학교의 설립」, 숭실사학 제34권, 2015.

국성하, 「일제 강점기 동화정책 수단으로서의 "조선신궁"의 건립과 운영」, 『한국교육사학』(26), 2004.

권숙인, 「식민지배기 조선 내 일본인학교와 교육을 통해 본 소·중학교 경험을 중심으로」, 『사회와 역사』 제77집, 2008.

김성우, 「조선시대의 감옥, 사형, 그리고 사형장의 변화」, 『지방사와 지방문화』 19권 1호, 2015.

김수영, 「해방이전 건립된 철도관사의 공급방식과 평면유형의 특성에 관한 연구」, 한양대학교, 2001.

김영민·조세호, 「운동공원으로서 철도공원의 변화와 의의」, 『한국조경학회지』 48권 3호, 2020.

김영환, 「서울 만초천과 주변시가지 변천 특성에 관한 연구」, 서울대학교 환경대학원 석사학위논문, 2019.

김태우, 「조선후기 서빙고 지역 부군당 주재 집단의 성격과 변화」, 『한국무속학』

김태웅, 「1925년 일제의 京城府 二村洞水害對策과 都市開發構想」, 『역사연구』 33, 2017.

김현아, 「전시기 경성호국신사의 건립과 전몰자 위령·현창」, 『일본역사연구』(47), 2018.

박준형, 「용산지역 일본인 사회의 형성과 변천(1882~1945)」, 『서울과 역사』(98), 2018.

박철하, 「1925년 서울지역 수해이재민 구제활동과 수해대책」, 『서울학연구』 13, 1999.

신주백, 「개항 후 용산·용산에서 신용산으로, 江港에서 軍都로」, 『전쟁과 유물』 제9호, 전쟁기념관, 2018.

신주백, 「용산과 일본군 용산기지의 변화(1884~1945)」, 『서울학연구』(29), 2007.

안종철, 「1930-1940년대 남산 소재 경성호국신사의 건립, 활용, 그리고 해방후 변화」, 『서울학연구』(42), 2011.

오문선, 「근현대 시기 용산 둔지미와 둔지미 부군당의 추이」, 『민속학연구』, 2015.

오문선, 「용산 둔지미의 공간적 역사와 삶의 지속」, 『향토서울』 87, 2014.

오문선, 「일제강점기 용산기지 밖 일본인 거주지역의 위상」, 『서울과 역사』(108), 2021.

이나영, 안재섭, 「서울시 해방촌 지역의 지리적 특성과 도시 재생」, 한국도시지리학회지 제21권 3호, 79~92쪽, 2018.

이상형, 「한국근대기 철도공장의 건축적 특성에 관한 연구-용산공장을 중심으로-」, 한국철도학회논문집 제12권 제6호, 2009.

이신철, 「해방 이후 용산의 냉전식 민주의 기억 넘어서기」, 『서울과 역사』(98), 2018.

이영남, 전재정, 「일제하 서울의 대단위 철도관사단지의 조성과 소멸」, 『서울과 역사』 제97호, 2017.

정재정, 「용산의 교통」, 『서울과 역사』 제98호, 2018.

천지명, 「일제의 '거류민단법' 제정과 그 성격」, 『한국독립운동사연구』(50), 2015.

최인영, 「서울지역 전차교통의 변화양상과 의미(1899~1968)」, 서울시립대 박사학위논문, 2014.

황보영희, 「서울 용산 지역의 도시화과정에 관한 연구」, 한양대학교 건축대학원 석사학위논문, 2005.

용산 미군기지와 도시산책

제1판 1쇄 발행 2024년 4월 30일
제2판 1쇄 발행 2024년 7월 20일

지은이 김홍렬

펴낸곳 아임스토리(주)
펴낸이 남정인
출판등록 2021년 4월 13일 제2021-000113호
주소 서울특별시 영등포구 선유동2로 57 이레빌딩 신관 16층
전화 02-516-3373
팩스 0504-037-3378
전자우편 im_book@naver.com
홈페이지 www.im-story.com
블로그 blog.naver.com/im_book

ISBN 979-11-981599-4-6(03910)